꿈을 이루는 사색

모든 인간은 하나님의 형상을 닮은 존엄한 존재입니다. 전 세계의 모든 사람들은 인종, 민족, 피부색, 문화, 언어에 관계없이 존귀합니다. 예영커뮤니케이션은 이러한 정신에 근거해 모든 인간이 존귀한 삶을 사는 데 필요한 지식과 문화를 예수 그리스도의 사랑으로 보급시킴으로써 우리가 속한 사회에 기여하고자 합니다.

꿈을 이루는 사색

초판 1쇄 찍은날 2001년 5월 16일
초판 1쇄 펴낸날 2001년 5월 19일

지은이 조만제
펴낸이 김승태
편집 송복란
표지 디자인 mud3033
영업 윤여근
등록번호 제2-1349호(1992. 3. 31)
펴낸곳 예영커뮤니케이션
    110-616 서울 광화문우체국 사서함 1661
    유통사업부 T.(02)830-8566 F.(02)830-8567
    출판사업부 T.(02)766-8931 F.(02)766-8934
    E-mail : jeyoungedit@chollian.net

ⓒ 조만제, 2001
ISBN 89-8350-213-4   03230

값 6,000원

■ 잘못 만들어진 책은 교환해 드립니다.

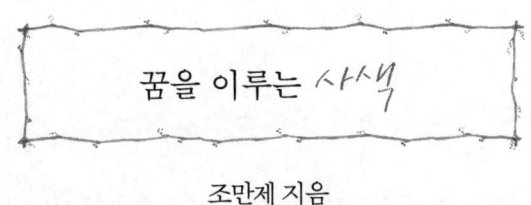

조만제 지음

예영커뮤니케이션

머리말

꿈을 성취하는 것에 급급한 나머지 시간과 물질뿐 아니라 정신까지도 저당잡힌 채 살아가는 사람들이 많다. 대부분의 현대인들이 맹목적으로 꿈을 향해 질주하고 있다. 분주한 일상생활 속에서 우리는 자기자신과 주변세계를 돌아볼 여유를 잃고 살아가고 있다.

시간의 여유, 곧 여가는 외부에서 주어지는 것이 아니라 스스로 만들어 가는 것이다. 이 여가 시간에 삶을 돌아보면서 자신의 행동을 반성하게 되고, 주변 사람들과의 관계를 생각하게 되며, 내일의 꿈을 설계하게 된다.

바람직한 꿈의 정립과 그 꿈의 실현은 사색을 통해서만 열매를 맺는다. 자기 자신과 대화하지 못하는 사람이 어떻게 다른 사람과의 대화 속에서 의미를 찾을 수 있겠는가? 아름다운 인간관계 형성도, 견고한 공동체의 조화도 한 사람의 진지한 사색 속에서 이루어지는 법이다.

비옥한 사색의 땅에서 '꿈'은 열매를 맺는다

"인간은 생각하는 갈대다"라는 말이 있다. 사색 속에서만이 다른 사람을 위해 해주어야 할 뜻 깊은 행동을 준비할 수 있다. 사색의 힘이 아니면 꿈을 올바르게 정립할 수도 추진할 수도 없다. 삶을 창조적으로 변화시키는 길은 사색 속에 있다.

개인의 크고 작은 꿈이 모여 공동체의 비전을 낳는다. 그러나 사색을 품고 자라난 미래의 계획만이 '꿈'이라는 이름을 가질 자격이 있다. 사색이 결여된 계획은 순간적 착상 또는 망상일 뿐이다. 여기서 말하는 '꿈'이란 실현 가능성을 충분히 확보하고 있는 진정한 이상을 의미한다. 그렇다면 실현 가능성은 어디에서 생겨나는가? 그 지름길은 사색의 지속성과 진지함이다. 지식보다 더 중요한 것이 사색이다. '꿈'의 열매를 맺어줄 처음이자 마지막 자양분은 비옥한 사색의 땅에서 생겨난다.

　이 책은 이미 많은 사람들이 애독하고 있는 『내일을 여는 사색』(1999, 예영)의 자매편으로서, 한 평생 대학교수로서 후진을 양성하는 동안 학문 연구와 독서생활 그리고 신앙생활 속에서 얻은 깨달음에 뿌리를 두고 있다. 동서고금의 고전들과 『세계명언명구대사전』, 『문장대백과사전』에서 감동적인 명언들과 금언들을 발췌한 후, 이것을 성경말씀을 통해 묵상함으로써 진정한 '꿈'을 실현할 수 있는 지혜들을 이 책 속에 담아 보았다. 이 지혜는 세대와 시대의 차이를 뛰어넘어 모든 사람들이 함께 나눌 수 있는 정신적 유산이자 보편적 교훈이다. 바쁜 일상 속에서 사색의 시간을 갖는다는 것이 어려운 만큼, '꿈'을 실현하는 길도 결코 평탄한 길이 아니다.

　그러나 이 책 속에 담겨 있는 교훈은 성경의 가르침과 위인들의 삶에서 얻어 낸 지혜의 목소리이므로 '꿈'을 실현하는 날까지 어려움을 극복할 수 있도록 큰 힘이 되어 줄 것이다. 이 책을 읽는 사람마다 시간과 장소의 제약을 뛰어넘어 많은 사람들에게 사색의 중요성을 일깨우고 사색의 원천으로 '꿈'의 나무를 키워 주는 동역자들이 되기를 기대한다. 나무의 열매를 수확하는 날, 곧 '꿈'이 실현되는 날을 위하여 이 책은 다음과 같은 사색의 길잡이 역할을 감당할 것이다.

첫째, 하나님의 말씀 안에서 출발하는 사색만이 온전한 '꿈'을 낳는다는 것을 들려 준다. 둘째, 각 사람이 처한 상황과 환경에 따라 어떠한 사색이 필요한지를 이야기한다. 셋째, 사색은 '꿈'의 실현을 가로막는 장해 요인들을 극복할 수 있도록 정서적 안정과 원만한 인격을 갖게 해 준다. 넷째, 사색은 '꿈'의 산파 역할을 할 뿐만 아니라 '꿈'을 이루는 데 가장 적합한 철학과 가장 지혜로운 방법을 제공해 준다. 다섯째, 훌륭한 사색을 통해 다듬어진 훌륭한 인격이 다른 사람들과 조화를 가능케 하여 공동체의 이상을 실현할 수 있는 밑거름이 된다.

생각하는 자가 꿈을 이룬다

사색은 인간에게만 허락하신 하나님의 특별한 은총이다. 그러나 멀티미디어 시대에 접어들어 안타깝게도 시각적 만족만을 추구하는 현대인들이 점점 사색의 중요성을 무시하거나 호도하고 있다. 이러한 모습을 대할 때마다 우리 사회의 미래가 어두워지는 것을 느낀다. 순간적인 쾌락과 유희, 편리만을 추구하는 사람들에게 사색이란 낱말은 귀찮은 잔소리에 불과할지도 모른다. 그러나 순간의 유희를 위하여 사색을 희생시킨 결과는 무엇일까? '꿈'의 상실과 인생의 파멸밖엔 남지 않을 것이다.

이 책이 모든 독자들에게 깊고 풍요로운 사색을 통해 '꿈'을 이루는 길잡이 역할을 하게 되기를 바란다. 젊은이뿐 아니라 그들을 지도하는 부모와 교사 그리고 모든 크리스천들이 이 책을 읽고 더 깊이 생각하는 자가 되어 꿈을 이룰 수 있기를 기원한다.

끝으로 이 책을 출간하기까지 도움을 주신 분들에게 감사의 말을 전하고 싶다. 매일 새벽 나를 위하여 아낌없이 기도로 격려해 주신 아버님, 헌신적으로 도움의 손길을 준 아내, 원고 정리와 교정을 도와준 한국기독청소년교육원의 조혜은 간사, 원고를 감수해 준 송용구 박사에게 감사의 뜻을 전하고 싶다. 특히 열악한 출판문화의 토양 속에서도 기꺼이 출간을 허락해 준 예영커뮤니케이션 김승태 사장님과 직원분들께 진심으로 감사드린다.

2001년 5월
조만제

차례

머리말 4

'나'에게로 향하는 길

자기 발견은 자기 사랑에서 14
인격은 모방할 수 없다 18
침묵은 총명의 근원 22
마음의 먼지를 털어 내자 26
자중하는 사람 30
짧은 인생을 값있게 34

자각은 새로운 방법을 모색케 한다 16
장점은 자기 발전의 기반 20
덕은 땀과 노력을 통해서 24
신중한 태도 28
말 한마디가 세계를 다스린다 32
생일엔 좀더 나은 삶을 36

불 속에서 연단한 그릇

무릇 훌륭한 것은 노력을 통해서만 40
훈련 없이 성숙할 수 없다 44
역경은 인격을 다듬어 준다 48
인내는 낙원으로 가는 길목 52
실패는 완성을 위한 준비과정 56
노년은 새 인생의 출발점 60

자신을 돕는 유일한 길 42
선(善)은 극기에서 자라난다 46
고난은 승리의 밑거름 50
고통은 영광을 비추어 주는 거울 54
발전이 크면 시련도 크다 58

지성의 빛을 찾아서

창의력은 듣는 데서부터 64
책은 무한한 가능성의 보고 68
밤하늘의 별을 보면서 배우라 72
스크랩북에 담긴 보물들 76
가정의 평화는 인류의 평화 80
명랑한 아이가 머리가 더 좋다 84

좋은 교육은 좋은 인간을 만든다 66
생활 전체를 학습장으로 70
바른 탐구로 진리를 찾아야 74
금은보화와 바꿀 수 없는 가정 78
좋은 부모가 되는 길 82
자녀의 '자기 모습'을 찾아 주어야 86

마음의 여백에서 생명의 숨결을

사랑은 기쁨을 나누는 것 90
자연 예찬 94
대자연의 넓은 품속에서 사색을 98
경직된 사회일수록 유머를 102
인생을 즐겁게 하는 여가를 106
휴식을 통해서 새 힘을 111
건전한 식사로 생명의 자양분을 116
희망이 없으면 미래도 없다 120

진실한 친구 92
여행은 편견을 바꾸는 창조 행위 96
일은 그 자체가 즐거운 것 100
건강은 인생의 버팀목 104
여가는 창조의 원천 108
잠은 활력의 원천 114
건전한 욕망은 발전의 원동력 118

하늘의 저울 위에 나의 양심을

선행은 또 다른 선행을 낳는다 124
말은 쉬우나 행동은 어렵다 128
이기심은 불행의 근본 132
도덕지수를 높이자 136
원칙은 윤리에 부합해야 140
질서는 하늘의 으뜸 가는 법률 144
은혜를 아는 것은 인간의 아름다움 148
의사소통은 정확한 의미교환이다 152
절제가 최선이다 156
저축은 풍요를 향한 전진 160

평안은 덕행에서 126
양심의 소리에 따라 행할 때 130
청렴결백은 불의와 타협하지 않는 태도 134
윤리는 삶의 표준 138
상식은 인간이 본래 갖고 있는 지혜 142
예의는 질서를 세우는 주춧돌 146
서로 믿고 살아야 150
작은 일을 성실히 154
쇄신은 역사 창조의 열쇠 158
시간을 보람 있게 쓰자 162

하늘의 복을 전하는 거룩한 손길

하늘의 음성을 들을 때 *166*
신앙은 상식 위에 있다 *170*
이해하고 존중하기 *174*
소망에서 영원한 기쁨을 *178*
희망은 약속을 믿는 것 *182*
꿈은 발명의 산실 *186*
하나님의 사랑 *190*
사랑 없이 살 수 없는 존재 *194*
생명은 온 천하보다 귀한 것 *198*
희생은 사회 발전의 원동력 *202*
선물은 감사의 표시 *206*

기도하는 사람 *168*
진정한 대화 *172*
충고는 신뢰의 양약(良藥) *176*
비전은 마음에 정한 목표 *180*
꿈꾸는 자여, 푯대를 향하여 달려라 *184*
직장은 꿈을 이루는 터전 *188*
예수님의 사랑 *192*
인정은 하늘의 보약 *196*
맑은 물은 생명의 활력소 *200*
우정은 또 다른 나를 얻는 길 *204*
좋은 성격은 하나님의 그릇 *208*

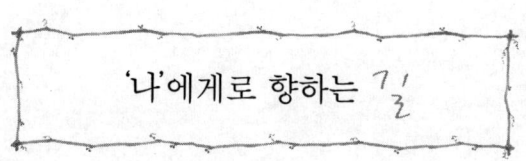

자기 발견은 자기 사랑에서

그리스의 철학자 소크라테스는 "너 자신을 알라"고 말했다. 나 자신에 대해 누구보다도 잘 알고 있어야 하지만 친구나 가족보다도 자기 자신을 모르는 사람이 대부분이다. 그래서 스페인의 대(大)문호 세르반테스는 "너 자신을 아는 것이 세상에서 가장 어려운 교훈이다"라고 말하지 않았는가?

자기 자신에 대해 얼마나 알고 있는가? 사회적 조건이나 겉모습만을 보고 자신의 전체를 아는 것처럼 생각하는 것은 아닌지 의심스러울 때가 많다. 마음의 거울에 비친 자신의 실체를 들여다볼 줄 알아야 한다.

이 세상에서 가장 중요한 것은 마음의 중심이다. 하나님을 향한 신앙도 마음의 중심에서 우러나오는 것이다. 하나님께서 무한한 인내와 의지를 내 마음의 중심에 공급하고 계심을 믿어야 한다. 성공한 사람들은 역경을 만날 때마다 무너진 의지를 일으켜 세우고 용기를 잃지 않은 사람들이다. 환경과 사회적 조건이 좋다고 해서 자기 자신을 올바로 아는 것은 아니다. 자기 자신에 대한 발견은 하나님께서 '나'의 몸과 마음 가운데 심어 놓으신 하늘의 거룩한 생명을 사랑하는 데서 나온다.

자기의 몸과 마음을 사랑하지 않는 사람이 어찌 남을 사랑할 수 있겠는가? '나'의 생명의 주인은 내가 아니고 하나님인 만큼, '나'의 몸과 마음은 결코 학대 대상이 될 수 없다. 오히려 하나님께서 맡기신 생명을 잘 보존하고 가꾸는 터전이 '나'의 몸과 마음임을 깨달을 때, 자기

> "너 자신 이외에 평화를 가져다 줄 수 있는 것은 없다"
> 에머슨

  자신에 대한 사랑은 매우 자연스러워진다. 자기 자신에 대한 사랑 없이 어떻게 평화를 누릴 수 있겠는가? 미국의 시인 에머슨은 "너 자신 이외에 평화를 가져다 줄 수 있는 것은 없다"라고 하였다.

  자기 자신의 마음속에 언제나 하나님의 손길이 살아 계심을 신뢰하자. 매사에 긍정적이고 적극적인 태도를 갖자. 마음의 샘에서 무한한 인내와 의지를 길어 올리자. '나'의 마음을 들여다볼 때 자신의 사회적 위치를 알게 될 것이며 사회에서 자신이 해야 할 일이 무엇인지를 알게 될 것이다.

  남에게 무엇을 하게 할 것인지를 생각하기에 앞서 내가 할 일을 찾아 작은 일부터 시작해 보자. 마음의 거울에 비친 자신의 행동을 반성하여 삶의 변화를 도모해 나가자. 내가 존재하는 곳이 밝아지고 '나'를 대하는 사람으로 하여금 밝은 미소를 갖게 할 수 있다면 장차 인류사회는 번영할 수 있을 것이다.

자각은 새로운 방법을 모색케 한다

인간은 생각하고, 행동하며, 반복적인 일과를 보낸다. 왜 생각하고, 왜 행동해야 하는지를 반성할 겨를도 없이 기존관념과 생활습관에 따라 무비판적인 삶을 살아가기 쉽다. 물론 잠시 동안의 생각이나 행동 속에는 그 나름의 이유가 있고 동기가 있을 수 있다. 그러나 이를 좀더 진지하게 검토해 보면 너무나 초라하고 보잘것없다는 사실에 놀랄 때가 많다. 자신의 행동과 생각, 자신의 존재까지도 다시 한번 살펴보는 노력은 성숙한 인격에 도달하기 위해 꼭 필요한 과정이다.

자각이란 스스로 반성하여 깨달음을 갖는 것이며 자아를 재발견함으로써 미래의 지표를 진단해 보는 심리적 작용이다. 자각 없이 진전이나 발전을 기대할 수는 없다. 그래서 O. 크롬웰은 "자기가 가고 있는 곳을 모르는 사람은 결코 높이 향상하지 못한다"고 말한 바 있다. 한 인간의 발전은 자각의 연속적 과정이며, 위대한 사회개혁은 자각의 실천과정이라 하겠다. 인도의 시성(詩聖) R. 타고르는 "자신의 존재에 대하여 끊임없이 놀라는 것이 인생이다"라고 하면서 자각의 중요성을 강조하였다.

자각은 생의 진미를 느끼게 하는 자극제이며 심오한 진리에 입문하기 위한 길이다. 자각을 통하여 새로운 방법을 모색할 수 있고 발전된 상(像)을 정립할 수 있다. 자각하는 삶은 행복으로 향하는 삶이며 자각 없는 삶은 퇴보의 삶이다. 그러나 자각을 한다는 것은 쉬운 일이 아니

> "자기가 가고 있는 곳을 모르는 사람은
> 결코 높이 향상하지 못한다"
> O. 크롬웰

다. 프랑스의 시인 프란시스 비용이 "나는 나 자신을 빼놓고는 모두 안다"고 말한 것처럼, 자각을 한다는 것은 인간세상에서 가장 어려운 일들 가운데 하나다.

  자기 자신을 깨닫는 일을 모든 인간활동의 기본으로 삼아야 한다. 자각 없이는 진로를 알 수 없고 진로를 알 수 없으면 목표에 도달할 수 없다. 자각에 이르지 않고서는 사회 속에서 자기의 위치를 정확히 파악할 수 없으며 목표를 정립할 수도 없다. 영국의 문호 초서는 "자신을 알 수 있는 사람이야말로 진정한 현인이다"라고 하였다. 지금까지 다른 사람과의 관계 속에서 자기의 행실은 과연 올바른 것이었는지, 자기의 가치관은 정당한 것이었는지를 다시 한번 숙고해 보아야 한다. 성경에서도 "미련한 자는 자기 행위를 바른 줄로 여기나 지혜로운 자는 권고를 듣느니라"(잠 12:15)고 하였다. 자각을 통하여 삶의 발자취를 반성하고 내면에서 우러나오는 자아의 권고를 들으며 이를 실천해 나갈 때 밝고 아름다운 세계의 기틀을 마련할 수 있을 것이다.

인격은 모방할 수 없다

R. 월포올은 "모든 인간에게는 각자의 값이 있다"고 하였듯이 인간에게는 자기 나름의 존재가치가 있다. 우리는 그것을 인격이라고 한다. 곧 인격은 사람의 됨됨이를 말한다. 이 인격은 하루아침에 이루어지는 것이 아니며 또 누구나 남의 인격을 단번에 판단할 수도 없다. 인격은 매일의 소임과 책무를 성실하게 수행해 나가는 데서 형성된다. 그뿐 아니라 인격은 자기의 근본과 현재의 위치를 생각하며 인생의 좌표를 설계하는 가운데서 더욱 성숙하게 영글어 간다.

무엇이 가장 가치로운 삶인지를 고민하면서 자기의 소명을 깨닫는 자는 세상의 모진 풍파를 겪으면서도 오히려 역경을 성숙의 기회로 삼는다. 다른 사람의 성과에 안이하게 편승하거나 남을 모방하는 데서 인격은 형성되지 않는다. 모방은 다른 사람의 옷을 빌려 입는 것처럼 독창성이 없고 전혀 개성이 없기 때문에 사실상 자아를 상실하는 행위라 할 수 있다. 이런 의미에서 우리는 성실히 자신의 인격을 닦아야 한다.

인간의 가치는 그의 소유물이 많고 적은 데에 있는 것이 아니라 자신이 해야 할 일을 진실하게 땀 흘려 일하는 데서 나온다. 사람이 말과 행동을 일치시키려고 노력하는 것이 얼마나 훌륭하고 고상한 일인가! 우리 인간은 언행일치에 인생의 소중한 가치를 두어야 한다. 자기의 말에 책임질 줄 아는 것이 인격의 발로이기 때문이다.

H. D. 드로우가 "인격을 씨뿌려 놓지 않고 어찌 사상의 수확을 기대

> "모든 인간에게는 각자의 값이 있다"
> R. 월포올

할 수 있는가"라고 말하였듯이, 역사상 위대한 사상은 모두 훌륭한 인격에 의해서 창조되었다. 훌륭한 인격이란 무엇인가? 그것은 자기의 언행으로 다른 사람에게 유익을 주면서도 이것을 자랑하지 않으며 늘 겸손한 마음을 갖는 것이다.

언행의 능력과 겸손을 함께 갖춘 사람은 벼이삭이 익을수록 고개를 숙이고 물이 깊을수록 소리가 없는 것과 같다. 사람의 인격은 그 사람의 말과 행동에 따라서 결정되게 마련이다. 고운 말과 바른 행동을 생활화하여 훌륭한 인격을 후손에게 물려주어야겠다.

장점은 자기 발전의 기반

푸블릴리우스 시루스는 "각 사람마다 다른 사람에게 없는 어떤 탁월함을 가지고 있다"라고 하였고, G. 허버트는 "비록 약해 보이는 버들가지도 다른 재목을 묶는다"고 말함으로써 장점의 고유성을 주장하였다. 인간은 누구나 장점을 가지고 있으며 그 장점은 자기를 발전시키는 힘이 된다

어떤 사람은 장점이 없다고 말하기도 한다. 그 사람은 정말로 장점이 없는 것이 아니라 발견하지 못한 것이며 장점을 자라지 못하도록 억제하였거나 퇴화하도록 방치해 놓은 사람이다. 하나님은 어느 특정인에게만 장점을 부여하지 않으시고 모든 인간에게 평등한 조건을 제공하셨다. 장점을 찾아서 활용한다면 개인의 보람과 사회의 유익을 함께 거둘 수 있다.

한 사람이 모든 면에서 장점을 가질 수는 없다. 또한 완전에 가까운 다양한 장점을 가지고 있다 할지라도 그 모든 것이 사회에서 필요한 장점일 수는 없다. 철학자가 체육에 능하다고 하여 선수가 될 수는 없고, 사업가가 학문적 능력이 있다 하여 연구에만 전념할 수는 없다. 인간에게 필요한 것은 다방면의 장점이 아니라 남보다 우수한 하나의 장점이라 하겠다. 발타자르 그라시안은 "누구든지 자기의 장점을 알고 있다면, 어느 점에서든 뛰어날 것이다"라고 말한 바 있다.

어떤 사람은 암기력이 장점일 수도 있고 어떤 사람은 창의력이 장점

> "각 사람마다 다른 사람에게 없는 어떤 탁월함을 가지고 있다"
> 푸블릴리우스 시루스

일 수도 있다. 암기력이나 창의력은 약해도 글씨에 뛰어난 사람이 있고, 지능은 낮아도 예술에 뛰어난 사람이 있다. 한 분야의 장점은 그 분야의 대가를 만들 가능성을 내포하고 있다.

장점 없는 명성보다 장점 있는 명성이 더 가치 있고 훌륭하다. 하나의 장점만으로도 존경과 추앙을 받을 수 있다. 이러한 의미에서 프랜시스 베이컨은 "장점이 명성보다 더 값지다"라고 하였다. 명성을 얻으려고 애를 쓰기보다는 장점을 키우기 위해 더 큰 노력을 기울여야 한다.

가정에서 부모는 어려서부터 자녀의 장점을 발견하여 키우는 데 힘써야 하고, 사회에서는 장점 있는 자가 특정 분야에서 성공할 수 있도록 여건을 조성해 주어야 한다. 그러나 장점을 과신하거나 다른 사람에게 자랑하려 할 때 장점의 가치는 떨어지게 된다. 성경말씀대로 "마땅히 생각할 그 이상의 생각을 품지 말고 오직 하나님께서 각 사람에게 나눠 주신 믿음의 분량대로 지혜롭게 생각해야"(롬 12:3)만 한다. 장점을 보물처럼 숨기고 아끼면서 생활 속에서 선용하는 지혜를 가져야 할 것이다.

침묵은 총명의 근원

사회생활 속에서 인간에게는 말이 필요하다. 말을 통해 의사를 전달하고 감정을 표현한다. 말은 사회 속에서 없어서는 안 될 요소이지만 때로는 해악을 가져오기도 한다. 오비디우스는 "침묵은 매우 작은 미덕이다. 그러나 말해서는 안 될 것을 말하는 것은 극악한 죄이다"라고 하였다. 때로는 말보다 침묵이 더 가치가 있음을 지적한 것이다. 말은 화를 불러일으킬 수도 있지만 침묵은 화를 면하게 하거나 화를 감소시키는 힘을 갖는다. 듣는 사람에게 불쾌감을 느끼게 하는 말은 하지 않는 것만 못하다.

성경에는 "미련한 자라도 잠잠하면 지혜로운 자로 여기우고 그 입술을 닫히면 슬기로운 자로 여기우느니라"(잠 17:28)고 했다. 말의 가치를 모르고 말을 삼갈 줄 모르는 사람은 말을 할 줄 모르는 사람이며 가장 미련한 자이다.

가장 깊은 감정이란 항상 침묵 가운데 있다. 토마스 무어는 "침묵을 통해서 진리를 깨달을 수 있고 진실에 접근할 수 있다"고 했다. 곧 침묵의 시간에 영적·정신적 생명력을 축적한다고 말할 수 있다. 이러한 의미에서 베이컨은 "침묵은 총명을 기르는 어머니"라고 하였으며 그리스의 비극 작가 에우리피데스도 "침묵은 진정한 지혜가 들려주는 최선의 대답이다"라고 고백하였다.

말을 삼가는 것, 말을 간결하게 하는 것, 말을 할 때 온유하고 부드

> "침묵은 매우 작은 미덕이다.
> 그러나 말해서는 안 될 것을 말하는 것은 극악한 죄이다"
> 오비디우스

럽게 하는 것이 침묵의 방법이다. T. 풀러가 "침묵은 좀처럼 해를 주지 않는다"고 하였듯이, 말이 많아 비난을 받는 사람은 있어도 침묵을 이유로 비난받는 사람은 없다. 그러나 말을 하기 싫어서 하지 않는 소극적 태도의 침묵이 아니라 유익한 말을 하기 위해 불필요한 말들을 절제하는 적극적 자세의 침묵을 해야 한다. 침묵 후에 던진 꼭 필요한 말 한마디는 보석보다 빛난다. 크리스티나 로제티는 "침묵은 어떤 노래보다도 더 음악적이다"라고 하며 침묵 속에 감춰진 힘을 예찬하였다.

성실한 사람은 말을 하기보다 행동으로 나타내고 표정으로 자신의 뜻을 알린다. 한번 입에서 흘러나온 말은 지울 수도 없고 다시 담을 수도 없다. 침묵을 통해서 먼저 생각하고, 옳고 그름을 판단해 보아야 한다. 비난하고 싶을 때 침묵하라. 침묵을 깰 때는 명랑한 모습, 밝은 표정으로 상대방에게 유익한 말을 하라. 서로를 위한 밝은 사회가 건설될 것이다.

덕은 땀과 노력을 통해서

물질문명이 고도로 발달하고 있는 현대사회에서 정신적 가치는 경시되고 인정과 사랑은 메말라 가고 있다. 그러나 현대인들이 물질의 풍요로움과 과학기술의 편리함을 좋아한다고 해도 따뜻한 인간관계가 없는 물질과 과학기술은 결국 인간의 파멸을 부를 뿐이다. 따라서 만남과 대화를 소중하게 생각하며 따뜻한 인간관계 속에서 행복을 추구하는 새로운 가치관을 정립해야 하겠다.

덕은 인간의 보람된 삶을 가능하게 하는 일이다. 덕이 있는 사람은 마음이 넓고, 덕을 행하는 자는 평안한 생활을 할 수 있다. "덕망이 높은 사람은 외롭지 않다"는 공자의 말과 같이 이해심과 배려가 깊은 사람에겐 많은 이웃이 따르게 마련이다. 누군가가 그의 마음을 알아주지 않거나 그의 주변에 사람이 모여들지 않는다 해도, 덕을 쌓은 사람은 자기의 유익에 집착하지 않기 때문에 결코 외롭지 않다.

"마음의 정결을 사모하는 자의 입술에는 덕이 있으므로…"(잠 22:11)는 성경말씀에서도 암시하듯이, 덕은 선천적인 것이 아니라 정신수양과 자기 성찰을 통해서 얻어지며, 인내와 정성을 통해서 길러진다. 근검 절약으로 생활의 모범을 보이고 희생, 봉사, 기여로 이타 정신을 발휘하며 사랑, 자비, 관용으로 참된 인간애를 나타내는 것도 덕을 키우는 길이다. 또한 부모에게 효도하고 어른을 공경하는 일, 형제간에 의리를 지키고 친구와 우정을 나누는 일, 이러한 일들이 덕을 실천하

> "마음의 정결을 사모하는 자의 입술에는 덕이 있으므로…"
> 잠언 22:11

길이다.

　덕이 없는 사람은 불행한 사람이다. 프랜시스 베이컨은 "자기에게 덕이 없는 자는 타인의 덕을 시기한다"고 말한 바 있다. 그러나 덕을 지니고 있으면서 행하지 않는 자는 더욱 불행한 사람이다. 덕은 행동으로 나타날 때 모두에게 유익이 된다. 우리의 손길이 필요한 이웃과 마을에서부터 지역 사회와 나라 전체로까지 덕의 실천 범위를 넓혀가도록 하자.

마음의 먼지를 털어 내자

D. 흄은 "인간의 마음은 모순을 조화시키도록 만들어져 있다"고 하였다. 마음이 있는 곳에 길이 있고, 마음을 다하는 곳에서 모든 어려운 문제가 해결된다. "마음이 하나로 정해지면 만물이 그것에 따른다"는 장자의 말처럼, 모든 것은 마음먹기에 달려 있다고 볼 수 있다. 인간의 행실은 마음의 표현이다. 인간의 마음을 어떻게 가꾸느냐에 따라서 선의 요소가 자라나기도 하고 악의 요소가 뿌리내리기도 한다.

옷에 묻은 먼지는 말끔히 털면서도 마음에 쌓인 먼지는 털어 내지 않으려는 사람이 많다. 순간순간 마음을 더럽히는 탐욕과 불의를 씻어 내고자 노력해야 한다. 몸을 복종시키듯 항상 선한 의지로 마음을 다스려야 한다. 키케로는 "몸에 병든 자와 마찬가지로 마음에 병든 자는 건강할 수 없다"고 하였다. 인간에 대한 사랑, 평화를 향한 희망으로 마음을 가득 채울 때에 비로소 정신과 육체는 다같이 건강을 향유할 수 있게 된다.

스펜서는 "선과 악, 행복과 불행, 가난과 부유는 마음에 달려 있다"고 하였다. 마음이 즐거우면 힘든 일에도 보람을 찾고, 마음이 괴로우면 좋은 일에도 불만을 갖게 된다. 즐거운 마음으로 인생의 길을 걷는 자는 모든 일에서 만족과 감사를 얻는다. 마음이 평화로우면 눈을 감고도 밝은 태양과 푸른 하늘을 볼 수 있고, 마음에 불만이 가득한 자는 눈을 뜨고도 어두운 하늘만을 보게 될 것이다. 토마스 A. 켐피스는 "우선

> "마음이 청결한 자는 복이 있나니 저희가 하나님을 볼 것임이요"
> 마태복음 5:8

너 자신 속의 평화를 지켜라. 그러면 다른 사람들에게도 평화를 가져다 줄 수 있다"고 하였다. 청빈한 마음, 자족하는 마음은 사회 발전의 원동력이자 인류사회의 등불이다.

  욕심을 절제하며 조화를 추구하는 마음이 있는 곳엔 번영과 행복이 약속된다. 성경도 "마음이 청결한 자는 복이 있나니 저희가 하나님을 볼 것임이요"(마 5:8)라고 강조하였다. 아름다운 사회, 살기 좋은 사회의 기틀은 구성원들의 평화롭고 선한 마음에서 형성된다. 사회의 미래를 비추어 주는 거울은 오늘의 우리들 마음이다.

'나'에게로 향하는 길

신중한 태도

현대인은 생각 없이 행동을 앞세우는 경향이 있어 많은 실패와 불화를 낳고 있다. 이를 경계하려는 뜻에서, 영국의 수상이었던 윈스턴 처칠은 "영웅의 마음에서까지도 신중함은 더욱 좋은 요소이다"라고 말한 바 있었다.

신중한 태도야말로 인간이 지켜야 할 윤리 도덕의 근원이라 할 수 있다. 신중한 태도 속에 거짓이 있을 수 없고 허위와 과장이 있을 수 없다. 만인의 숭상을 받는 세계적 위인은 신중한 태도가 몸에 배인 사람들이며 그들의 성공은 신중한 노력의 결과라 할 수 있다.

신중성이란 좀더 상세히 살펴보고 깊이 생각하며 구체적으로 파악하는 태도를 의미한다. 그리스의 철학자 에피쿠로스는 "가장 훌륭한 선은 신중성에서 나온다"라고 하였다. 우리 나라 속담에도 "아는 길도 물어가고, 돌다리도 두들겨 보고 건너라"는 말이 있다. 이는 단순한 격언에 불과한 말이 아니라, 모든 진리는 신중성에서부터 출발한다는 것을 강조하는 교훈이다.

신중성은 모든 일에 원만한 해결책을 가져다 주며 뜻한 바를 이룰 수 있게 해준다. 에우리피데스는 "행운은 항상 신중한 자의 편을 들어 싸운다"라고 하였다. 신중함을 무기로 삼는 자에게 두려움이 있을 수 없고 어려움도 가벼워진다.

신중한 태도는 모든 인간관계에서 신뢰의 바탕을 이룬다. 신중한 자

> "가장 훌륭한 선은 신중성에서 나온다"
> 에피쿠로스

는 믿을 수 있는 사람 중에서도 단연 으뜸가는 사람이라 할 수 있다. 신중한 개인은 인격을 쌓게 되고 신중한 사업가는 기업을 번창케 한다. 신중한 사람들이 모일 때 신뢰할 수 있는 사회가 이루어진다.

사회에 만연하는 부조리와 비능률, 불화와 알력, 대립과 투쟁은 신중성이 결여된 생활 태도의 결과라고 볼 수 있다. 그러므로 성경에서도 인간의 성급함과 경박함을 경계하여 "자기의 마음을 제어하지 아니하는 자는 성읍이 무너지고 성벽이 없는 것 같으니라"(잠 25:28)고 권고하였다. 사려 깊지 못한 행동은 불행을 초래할 수 있으며, 반면에 신중한 말과 행동은 인생을 반석 위에 올려놓는다는 것이다.

그러나 꾸준한 노력과 실천이 따르지 않는다면 신중함을 삶의 차원으로 승화시킬 수 없다. 말 한마디를 던지기 전에 상대방을 위하는 말을 찾는 태도, 사물의 성격과 사건의 전후과정을 세심하게 살피는 태도를 기를 때만이 신중성은 모든 행동을 움직이는 삶의 기준으로 정착 될 수 있다.

자중하는 사람

　자중(自重)이란 스스로를 소중히 여기는 마음의 중력(重力)이다. 자중은 적극적으로 잘못을 파헤치고 바로 잡기보다는 말과 행동을 조심하여 마음속에서 은밀하게 인격을 다듬는 행위이다. 그래서 라 로시쿠포는 "진정한 자중은 알려지지 않는다"라고 하였다. 자중하는 사람은 행동을 좀처럼 겉으로 잘 나타내지 않는다. 그러나 그 속에는 감히 누구도 범할 수 없는 용기와 위엄이 있다.
　자중하는 사람은 모든 일을 신중하게 처리한다. 이것은 자기에 대한 충실이며 다른 사람에 대한 봉사이다. 자중은 스스로 가득 찰 때까지 기다리는 마음이다. 그러나 단 한 번을 위해서 일생을 담보하기 때문에 그의 마음은 태산같이 무겁고 하해(河海)같이 넓다. 예부터 자중하는 사람은 인격을 갈고 닦기 위하여 스스로 수양의 길을 걸었으며, 예(禮)를 실천하기 위하여 독서에 열중하였다.
　자중하는 사람은 분수를 지키며 절제한다. 자중하는 사람은 자신의 능력을 알기 때문에 능력 밖의 일에 대해서는 사양한다. 시류(時流)에 흔들리지 않는다. 더 큰 목적을 이룰 때까지 행동을 유예하며 인고(忍苦)의 아픔을 견디어 낸다. 행동을 스스로 통제하는 가운데 스스로 걸어가야 할 인생의 길을 내다보며 세계를 바라보는 시야가 넓어진다. 그러므로 시인 R. 번즈는 "분별있고 조심성 있는 자중은 지혜의 근원이다"라고 하였다.

> "분별있고 조심성 있는 자중은 지혜의 근원이다"
> R. 번즈

셋째로 자중하는 사람은 평화를 누린다. 마음이 평온하면 선하고 의로운 행위가 나타나게 마련이다. 말은 쉬우나 행동은 어렵다. 성경에 "미련한 자라도 잠잠하면 지혜로운 자로 여기고 그 입술이 닫히면 슬기로운 자로 여기우느니라"(잠 17:28)고 하였다. 말을 잘못하면 화를 불러일으키지만 말을 하고 싶어도 자중하면 화를 면하게 되거나 화를 감소시키게 된다.

자중하는 사람이 되사. 참으로 자중하는 사람은 중요한 것과 중요하지 않은 것을 구별할 줄 알며 충분한 사고(思考)와 판단 후에 계획을 행동으로 옮긴다. 그러나 자중하는 사람은 대의(大義)를 위해서 자기를 희생할 줄 안다. 결코 자기만족이나 사사로운 일로 행동하지 않으며 공익과 공영(共榮)을 위해 행동한다. 그러므로 자중하는 사람은 불의와 부조리에 타협하지 않으며 오히려 이를 개선해 나가는 혁신적 태도를 보여준다.

자중은 누구에게나 필요한 덕이며 자아를 실현하는 도리이다. 그리고 모든 문제를 바르게 알고, 바르게 판단하며, 바르게 행동하게 하는 열쇠이다. 자중의 덕을 갖춘 사람이 많아 질 때 이 사회는 더욱 밝아질 것이다.

말 한마디가 세계를 다스린다

　인간은 말을 통하여 상대방에게 자기의 생각을 전달할 수 있다. 인간에게 말이 없다면 동물과 다를 바가 없을 것이다. 말이 있기 때문에 교육이 가능하며 문명의 발전이 가능하다.

　말은 사회형성의 기초이며 인류사회의 공존공영(共存共榮)을 가져오는 매개체의 역할을 한다. 그리스 7대 현인(賢人)중의 한 사람인 솔론은 "말은 행동의 거울이다"라고 했다. 이처럼 말은 바람직한 행동의 자극제이며 사랑의 촉진제이기도 하다. 말에 따라 인간은 오해를 하고 원수가 되기도 하며, 또한 상대방의 마음을 따뜻하게 녹여 주어 어제의 원수와 친구가 되기도 한다. 그러므로 E. 쿠크의 고백처럼 "말 한마디가 세계를 다스린다"고 할 수 있는 것이다.

　말이 부드러우면 상대방의 기분을 온화하게 한다. 앙칼진 목소리, 싸움이라도 할 듯한 투쟁적 말투, 트집을 잡는 비꼬는 말투, 이러한 것들은 사회를 병들게 하는 독소이다. 아름답지 못한 언어생활 속에 평온이 있을 수 없고 행복이 있을 수 없다. 화를 내어 욕설을 퍼부을 때 많은 에너지가 소모되며 오장육부의 기능이 일시적으로 마비된다고 한다. 작은 일에도 노기를 발하고 욕설을 퍼붓는 사람은 아무리 보약을 먹어도 소용이 없다고 한다.

　이와 반대로 온화한 말, 감싸주는 말은 상대방의 기분을 즐겁게 함으로써 서로의 건강과 행복을 조성하는 이중 효과를 가져온다. 성경은

> "진실한 말 한마디는 웅변과 같은 가치가 있다"
> 찰스 디킨스

"선한 말은 꿀송이 같아서 마음에 달고 뼈에 양약이 되느니라"(잠 16:24)고 하였다. 부드럽고 사랑스런 대화를 주고받는 연인들을 볼 때 아름다움을 느끼지 않는 사람이 없을 것이다. 친구처럼 다정하게 속삭이는 부모와 자녀의 모습을 보면 흐렸던 마음도 맑아지게 마련이다.

그러나 아무리 부드럽고 평화로운 말이라 할지라도 마음에서 우러나오는 말이 아니라면 오히려 그 말은 상대방의 마음에 상처를 안겨 줄 수도 있다. 찰스 디킨스가 "진실한 말 한마디는 웅변과 같은 가치가 있다"고 하였듯이, 말은 마음에서 우러나는 진실의 표현이어야 한다. 물론 나의 말도 중요하지만, 다른 사람의 말에 더욱 귀기울이는 넓은 이해심을 가져야 한다. 다른 사람의 말을 존중할 줄 알아야만 자신이 전하는 말의 가치를 깨달을 수 있기 때문이다. 진실과 사랑이 담긴 말로 인류사회를 더욱 아름답게 가꾸어 보자.

짧은 인생을 값있게

인생은 아침에 피었다 저녁에 지는 나팔꽃처럼 빨리 지나간다. 그러므로 성경은 "우리의 연수가 칠십이요 강건하면 팔십이라도 그 연수의 자랑은 수고와 슬픔뿐이요 신속히 가니 우리가 날아가니이다"(시 90:10)라고 하였다. 인생의 길은 평탄한 것 같지만 멀고도 험하며 기쁨과 슬픔이 항시 교차된다. "인생은 불확실한 항해"라는 셰익스피어의 말이 암시하듯이, 행복한 삶을 살다가도 어느새 너무나 고달픈 현실에 직면하는 것이 우리의 인생이다.

그러나 사람이 한 평생을 살면서 기쁨을 오래도록 간직하고 슬픔에서 지혜와 교훈을 얻는 것이야말로 인생의 의미를 아는 길이다. 산다는 것 자체보다 어떻게 사느냐의 문제가 더 중요하다. S. 버틀러는 "인생은 불충분한 전제 위에서 충분한 결론을 끌어내는 기술"이라고 하였다. 누구나 한 평생 추구해야 할 좋은 뜻을 세웠다면 어떠한 어려움이 있다 하더라도 그것을 이루기 위해 중단 없이 땀을 흘려야 한다.

목적 없이 살아간다는 것은 항로를 정하지 않고 망망대해를 표류하는 배처럼 위험하기 짝이 없는 인생이다. 그러므로 사람은 누구나 가치로운 목표를 정하고 그 목표를 이루기 위해 온갖 정성과 노력을 기울여야 한다. 이러한 열의가 없는 사람의 인생은 불행할 수밖에 없다. 얼마나 오래 사느냐가 아니라 얼마나 가치롭게 사느냐에 인생의 의미가 달려 있기 때문이다.

> "인생은 불충분한 전제 위에서 충분한 결론을 끌어내는 기술이다"
> S. 버틀러

　인생에서 가장 커다란 기쁨은 주변에서 불가능하다고 하는 일을 끝까지 해내는 것이며, 인생의 가장 아름다운 열매는 모든 사람에게 사랑의 마음으로 도움과 유익을 주는 것이다. H. 아놀드가 "자기희생은 인간의 행복에 도움을 준다"고 하였듯이, 자기를 낮추고 남을 섬기는 일은 불가능을 가능케 하는 일보다 더욱 큰 보람을 안겨 줄 것이다. 인생은 바람처럼 빨리 지나가 버리지만 이타적 행위를 통해 얻는 보람은 인생이 우리에게 안겨 주는 가장 값진 보물이다.

생일엔 좀더 나은 삶을

누구나 일년에 한 번씩 생일을 맞이하게 되고 그 생일을 새로운 생활의 출발점으로 삼기도 한다. 생일을 맞이하여 이를 기념하고 축하하는 이유가 바로 여기에 있다.

가족들 또는 친구들을 모아 잔치를 벌이고 기념 촬영이나 하는 것으로 생일의 의미를 찾아서는 안 될 것이다. 생일을 맞이할 때마다 자신의 삶을 한번 되돌아보아야 한다. 지난 일년 동안 후회 없이 살았는가? 얼마나 후회 없이, 그리고 다른 사람을 위해서 살아왔는가? 목표를 달성하기 위하여 얼마나 열심히 땀을 흘렸는지를 살펴보면서 미래의 자기 모습을 그려보는 것이 생일을 뜻 있게 보내는 방법이 될 것이다.

생일은 생명의 소중함을 새롭게 깨닫는 날이다. "사람은 이 세상에서 단 한번 살 뿐이다"라고 괴테가 말하였듯이, '나'의 생명은 오직 하나뿐이며 단 한번의 인생을 살아가게 되어 있다. 하나뿐인 '나'의 생명은 인류사회에 있어서 중요한 의의를 지닌다. 소명의 크고 적음을 막론하고 우리는 인류사회를 위해 무엇인가를 기여해야 할 소명을 받고 태어났다. 그러기에 뜻 깊은 일을 해야겠다는 결의를 굳건히 다져야 한다. 어떤 목표를 추구해야 하며 또한 그 목표를 위해 구체적으로 무슨 일을 할 것인가에 대해 생각해 보아야 한다.

쏜살같이 지나가는 것이 인생인 만큼, 한 순간이라도 헛되이 보내서는 안 될 것이다. 오늘 하루를 내일의 성숙을 위한 도약의 발판으로 삼

> "우리가 자연에서 받은 수명은 비록 짧은 것이지만,
> 보람 있게 보낸 삶에 대한 기억은 영원하다"
>
> 키케로

아야 한다. 생일을 기점으로 인생의 단계를 구분하여 각 단계마다 완수할 목표를 정해도 좋을 것이다. 키케로는 "우리가 자연에서 받은 수명은 비록 짧은 것이지만, 보람 있게 보낸 삶에 대한 기억은 영원하다"고 하였다. 생일을 맞을 때마다 결심을 새롭게 하여 뜻 깊은 일들을 계획하고 실천할 때 아름다운 기억이 오래도록 인생을 빛나게 할 것이다.

생일을 기념하고 축하하는 의의는 좀더 나은 삶을 모색하는 데 있다. 일년에 한번씩 맞이하는 생일을 올바른 인생을 다짐하는 새로운 계기로 삼아 보자.

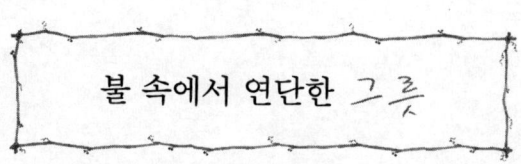

무릇 훌륭한 것은 노력을 통해서만

과학 문명의 발달, 위대한 예술작품은 모두 인간 노력의 산물이다. 어느 것 하나 노력 없이 이루어진 것이 있겠는가? 노력이란 발전적 목표를 정하여 하나하나 단계를 밟아가며 실천하는 것이다. 인생이 발전을 거듭한다는 것은 노력하고 있다는 것을 의미한다. 노력 없는 삶은 가사(假死)상태에 처해 있는 것과 다름없다. "손을 게으르게 놀리는 자는 가난하게 되고 손이 부지런한 자는 부하게 된다"(잠 10:4)고 하였다. 다른 사람의 노력을 능가하는 노력을 통해서만 좀더 큰 결실을 가질 수 있고 보람을 누리게 된다. 적은 노력을 통해서는 적은 것만을 얻을 수 있을 뿐이다. 어제의 불가능을 오늘의 가능으로 만들고, 전세기(前世紀)의 공상을 금세기(今世紀)의 결실로 실현시킨 열쇠는 인간의 노력이다. 마르코니의 말처럼 "진정 무서운 것은 인간의 노력"인 것이다. 노력해서 해결될 수 없을 만큼 어려운 일은 없다. 노력은 자연적으로 발생하는 것이 아니라 의욕과 땀과 고통을 수반해야 한다.

로마가 하루아침에 이루어지지 않은 것처럼 위대한 일에는 시간이 필요하다. 땀을 흘리고 열매를 성숙시키는 과정이 필요한 것이다. 영국의 시인 윌리엄 블레이크는 "작은 꽃 한 송이를 만드는 데도 오랜 세월 동안 자연의 노력이 필요하다"고 말하였다. 자연조차도 스스로의 노력을 통해 생명을 보전하듯이, 자연에게서 삶의 자양분을 얻는 인간도 스스로 노력하지 않는다면 생명을 유지할 수 없다.

> "무릇 훌륭한 것은 노력을 통해서만 얻을 수 있다"
> 톨스토이

  환경과 여건이 좋지 않다 하더라도 이를 발전적 요소로 삼아 꾸준히 노력하면 안 될 것이 없다. 세계사에 빛나는 위인들은 어려운 여건을 극복하고 뜻을 이룬 노력의 산 증인들이다. 평생 동안 언어를 갈고 다듬는 노력을 통해 위대한 문학작품을 창조하였던 톨스토이는 "무릇 훌륭한 것은 노력을 통해서만 얻을 수 있다"고 고백하였다. 우리는 미국의 제16대 대통령 링컨과 발명왕 에디슨이 최선의 노력을 통하여 어려운 환경을 극복하고 인류 사회에 크게 이바지하였다는 사실을 잊어서는 안 될 것이다.

  무쇠도 갈면 바늘로 쓸 수 있고 녹슬어 버려진 쇠붙이도 달구어 두드리면 칼로 쓸 수 있다. 미래의 시간은 누구에게나 공평하다. 그리스의 비극 작가 에스킬러스가 "신은 힘써 일한 자에게 노력의 소산인 영광을 돌려 준다"라고 말하였듯이, 하나님은 노력하는 자에게 밝고 찬란한 삶을 허락해 주실 것이다.

자신을 돕는 유일한 길

인간은 행위를 통해 생명을 유지한다. 인간이 행복을 추구하는 것도 특정한 행위가 없이는 불가능하다. 그 행위는 외부적인 강제, 억압, 통제에 의해서도 가능한 것이지만 목적의식 속에서 자발적으로 나타날 때 더욱 가치로운 것이다. 자조정신(自助精神)은 외부의 힘에 의존함 없이 자신의 여건을 최대한 활용하여 스스로를 발전시키려는 정신을 의미한다.

그러므로 자조정신은 발전의 토대를 자신의 의지에 두고 있다. 아이소푸스는 "하늘은 스스로 돕는 자를 돕는다"고 하였다. 자조정신은 성장의 근본이자 사회 발전의 초석이며 인류에게 번영의 길을 열어 준다. 프랑스 작가 라 퐁테느는 『우화집』에서 "너 자신을 도울 때 하늘은 너를 도와줄 것이다"라고 하였고, 독일의 극작가 베르톨트 브레히트도 "당신 스스로가 하지 않으면 아무도 당신의 운명을 개선시켜 주지 않을 것이다"라고 말하였다.

스스로 하고자 하는 의욕, 스스로 할 수 있다는 자신감이 있는 곳에 번영의 씨앗이 싹틀 수 있다. 스스로 하고자 하는 의지가 없는 사람을 도와주려 한다면 오히려 의존심만 키워주는 결과를 가져올 것이다. 모든 동물은 새끼에게 먹을 것을 주고 있지만 새끼가 어느 정도 자란 후엔 스스로 먹이를 얻는 자력갱생의 방법을 가르쳐 준다. 새끼가 그 방법을 터득하면 생존을 유지할 수 있지만, 만일 먹이를 얻는 방법을 터

> *"당신 스스로가 하지 않으면
> 아무도 당신의 운명을 개선시켜 주지 않을 것이다"*
> — 베르톨트 브레히트

득하지 못하면 죽음을 맞이할 수밖에 없다.

부모가 자녀에게 물려줄 값진 유산은 바로 자조정신이라 할 수 있다. 부모가 모든 일에 스스로 노력하는 모습을 보여주고, 자수성가의 경험담을 들려주는 것이 자녀에게 내일의 번영을 약속할 수 있는 소중한 유산이 될 것이다.

훈련 없이 성숙할 수 없다

　인간은 훈련을 통해서 성장하고 발전한다. 어려서는 언어 훈련, 걷는 훈련, 인간의 예의범절을 훈련하면서 인격을 연마하고 육체를 단련시킨다. 인간에게 훈련은 동물적 존재를 인간적 인격체로 변화시키는 과정이다. 스위스의 교육가 페스탈로치는 "무슨 일이든 훈련을 하는 동안에 발전하게 된다"고 말하였다.
　훈련을 함으로써 기술자가 되고 예술가가 된다. 훈련 없이 완전한 것은 기대할 수 없다. 훈련은 성취의 동기이며 성숙을 위한 필수적 과정이다. 훈련은 능률을 증대시키고 효율성을 높인다. 그리스의 철학자 에픽테투스는 "익숙해지려거든 무슨 일이든지 그것을 훈련하라"고 하였다. 새로운 환경에 적응하는 방법을 체득하고 훈련을 통해 적응 능력을 높이면 어려움을 극복할 수 있게 된다.
　현대사회는 빠른 속도로 변하는 사회이다. 끊임없는 발명과 발견으로 인하여 조직사회의 시스템은 언제나 새로운 지식을 요구하고 있다. 따라서 지식을 습득하는 과정, 기술을 연마하는 과정이 없이는 새로운 환경에 적응하기 어렵다. 도시화·산업화·과학화가 급속도로 진행되는 과정에서 교육과 훈련의 필요성은 증대하고 있다. 학자들은 새로운 이론과 학문의 조류를 파악하기 위해서 끊임없이 연구해야 하며, 기업인들은 새 시설, 새 장비를 활용하기 위하여 남다른 기술을 터득해야만 한다.

> "무슨 일이든 훈련을 하는 동안에 발전하게 된다"
> 페스탈로치

아무리 어렵고 복잡한 일이라 하더라도 훈련을 통해 쉬운 일로 변화한다. 작은 일부터 세심하게 처리하는 훈련이 쌓으면 어려운 일까지도 능숙하게 해결할 수 있다. 변화하는 시대에 적응하는 것뿐만 아니라 미래의 바람직한 생활문화를 창조하기 위해서도 심도 높은 훈련이 필요하다. 훈련은 오늘보다 나은 내일을 열기 위한 에너지의 축적과정이며, 성숙을 위한 준비과정이다.

선(善)은 극기에서 자라난다

　인간은 동물적 본능뿐만 아니라 이성(理性)과 영혼을 간직하고 있다. 그러기에 하나님을 바라보며 인격과 지혜를 갖추고자 노력한다. 모든 교육의 기본은 본능과 관능적 감각을 이지적 지혜로 바꾸는 데 있다.
　인간은 때때로 감각에 호소하여 말초신경의 자극과 육체적 욕구 충족에 우선 순위를 두는 경우가 있다. 인간은 극기정신이 없을 때 동물적 본능에 사로잡히게 되며, 반면에 극기정신이 살아 있을 때 하나님께 가까이 다가갈 수 있다.
　극기란 악의 요소를 통제하고 선의 요소를 키우는 힘이다. 자기의 행동을 바른 길로 인도하는 자제의 힘이기도 하다. 탐식과 탐욕은 인간의 건강을 해치고 인간을 타락시킨다. 본능의 욕구에만 충실하다면 결코 인간의 가치를 실현할 수 없다.
　그러므로 부모는 자녀에게 극기정신을 가르쳐야 한다. 극기정신이 있을 때 두려움이 없어지고 매사에 적극적이고 성실할 수 있다. 하고자 하는 모든 일을 뜻대로 이룰 수 있고 순조롭게 목표를 달성할 수 있다.
　로마의 철학자 세네카는 "자신을 극복하는 힘을 가진 사람이 가장 강하다"라고 하였고, 성경에서도 "자기의 마음을 다스리는 자는 성을 빼앗은 자보다 나으니라"(잠 16:32)고 하였다. 슬기로운 자는 자기와의 투쟁에서 승리하는 자이다. 자기를 지배하지 못하면 다른 사람의 잘못을 통제할 수 없고 진정한 자유와 행복을 누릴 수도 없다. 그러므로 P.

> "자기의 마음을 다스리는 자는 성을 빼앗은 자보다 나으니라"
>
> 잠언 16:32

  매신저는 "다른 사람을 지배하려는 사람은 먼저 자기 자신의 주인이 되라"고 말하였다.

  독일의 대문호 괴테가 "극기하라, 극기해야 한다. 그것은 결코 끝나지 않는 노래다"라고 말한 것처럼, 극기의 정신은 천성적이기보다는 후천적 수련을 통해서 길러진다. 그러므로 가정과 사회의 일상생활 속에서 어려움을 극복하려는 인내심을 길러야 한다. 열악한 환경을 극복할 수 있고 육체적 고통을 감내할 수 있는 의지를 키워야 한다. 극기의 정신은 선한 행동의 원천이며 평화롭고 복된 사회의 밑바탕이다.

역경은 인격을 다듬어 준다

　인생의 목표가 클수록 고난과 역경 또한 크게 마련이다. "고난이 클수록 영광도 크다"라는 키케로의 말처럼 위대한 역사는 고난의 역사였고 위대한 문화는 많은 사람들의 노고의 결실이었다.
　역경을 경험하지 못한 사람은 작은 고난에도 실망하고 좌절하게 된다. 헤글리트가 "번영도 훌륭한 스승이지만 역경은 더 위대한 스승이다"라고 하였듯이, 청소년 시절부터 역경에 도전하는 의지를 가르고, 어떤 역경도 이겨낼 수 있는 힘을 길러야 한다. 역경을 경험함으로써 더 큰 역경을 이길 수 있는 힘을 키우게 된다. 인류 역사상 위대한 지도자들은 모두 역경에 도전하고 이를 극복한 사람들이다. 로마의 철학자 세네카는 "불은 금의 시금석이요, 역경은 강한 인간의 시금석이다"라고 하였다. 쇠를 불에 달구고 두드려야 강철의 구실을 하게 되듯이, 인간은 고난과 역경을 극복해야만 훌륭한 인물이 될 수 있다.
　역경은 또한 인격을 다듬어 준다. 인격은 세상의 풍파를 겪는 가운데서 더욱 견고한 열매로 성숙되어 간다. 어떤 농부가 이른 봄 농사를 지을 때부터 "내가 원하는 대로 모든 것을 보내주시기를 바랍니다"라고 간절히 기도하였다. 어느 날 천사가 나타나서 "네가 기도한 것을 하나님이 듣고 네가 구하는 대로 주시겠다 하였으니 이제부터 농사짓는 데 필요한 것을 무엇이든지 구하라" 하고 떠났다. 매우 기뻐한 농부는 땅이 가물면 기도하여 비를 흡족히 얻고, 날이 흐리면 기도하여 햇빛을

"번영도 훌륭한 스승이지만 역경은 더 위대한 스승이다"

헤글리트

얻고, 날이 찌는 듯이 더우면 햇빛을 가리워 달라고 기도하였다. 그러나 가을이 되어 추수를 하게 되었는데 알곡이 적고 쭉정이가 많이 생겨서 농부는 적잖이 실망하였다. 불만을 품고 있는 농부에게 천사가 다시 와서 말하기를 '네가 곡식이 결실하는 데 필요한 한 가지를 구하지 않아 쭉정이가 많이 생겼다. 그 구하지 않은 것은 바람이다'라고 하였다.

바람은 곡식이 익어가는 데 없어서는 안 될 필수 자양분이었다. 이 예화 중에서 '바람'은 역경을 의미하는 비유라 할 수 있다. 우리의 인격을 연단하기 위해서는 반드시 역경이 필요함을 시사해 주는 것이다. 사람은 역경을 만날 때에 비로소 스스로를 반성하게 되고 하나님을 향하게 된다. 역경은 우리의 삶을 하나님께 전적으로 위탁할 수 있는 좋은 기회이다.

"우리는 비록 연약하지만 하나님은 강하시며 믿는 자에게는 능치 못함이 없다"라는 성경말씀처럼 역경을 두려워하기보다는 역경에 도전하는 의지와 힘을 달라고 하나님께 간구해야 한다. 평범한 사람은 역경의 벽 앞에서 후퇴를 하고, 위대한 사람은 역경을 계기로 발전해 나간다. 성공의 조건은 역경을 극복할 수 있는 용기와 자신감에 달려 있다.

고난은 승리의 밑거름

세상을 살아가다 보면 여러 가지 어려움을 만나게 된다. 역사를 돌이켜 볼 때, 어떠한 고난을 가장 값지다고 할 수 있을까? 정의, 진리수호, 국가와 민족, 가난한 자와 소외된 자를 위한 고난 등이 우리의 역사를 바꾸어 놓았으며 그것들을 통해서 인간세계는 더욱 발전할 수 있었다. 가끔 불의가 세상을 뒤덮는 때가 있어 의로운 사람이 고난을 당하는 일이 적지 않았다. "고난이 클수록 영광도 크다"라는 키케로의 말처럼, 결국은 인류와 진리를 향한 사랑 때문에 감수하는 고난이 선한 승리의 밑거름이 되었음을 부인할 수 없다.

우리는 고난을 겪음으로 비로소 생각하는 인간, 용기 있는 인간이 된다. J. 패트릭이 "고통은 인간을 생각하게 만든다. 사고는 인간을 현명하게 만든다"라고 강조한 것처럼, 고난을 통해서 우리는 더욱 현명한 지혜를 갖게 되고 자기 발전에 한 걸음 더 다가서게 된다. 어떠한 고난이라도 이것을 이겨내고자 하는 사람에게는 장애가 되지 않는다. 아무리 견디기 힘든 고난이 닥쳐와도, 의지가 강한 사람은 그것을 비켜갈 방법을 찾는 것이 아니라 오히려 고난과 맞서 싸우는 사람이다. 고난과의 싸움을 자기와의 싸움으로 받아들이고 이것을 성숙의 과정으로 삼는 자에게 행복의 문이 열린다. 먹구름 뒤에는 언제나 밝은 태양이 숨어있 듯, 고난의 뒤에는 행복의 그림자가 뒤따르고 있는 것이다.

성경은 "고난을 받고 참으면 이는 하나님 앞에 아름다우니라"(벧전

> "고통은 인간을 생각하게 만든다. 사고는 인간을 현명하게 만든다"
> J. 패트릭

2:20)고 우리에게 권면하고 있다. 절망 속에서도 희망의 불빛을 밝히며, 불굴의 인내와 노력으로 고난을 허물고자 하는 자에게 고난의 벽은 오히려 성공의 언덕으로 올라서는 디딤돌이 되어 줄 것이다.

인내는 낙원으로 가는 길목

　인내 없이 목표를 달성할 수는 없다. 목표가 크고 가치로울수록 더욱 큰 인내가 필요하다. 루소는 "인내는 쓰나 그 열매는 달다"고 하였다. 인내를 경험하지 않고서는 성공의 진미를 느낄 수 없다. 다른 사람이 견디기 어려운 여건 속에서 인내를 통해 성공을 거두었을 때 무한한 기쁨을 누릴 수 있다.

　자기의 욕망을 억제하면서 고통을 극복해 나가는 과정이 인내이다. 로마의 시인 베르길리우스는 "모든 불운은 인내로써 극복될 수 있다"고 하였다. 인내는 행운의 안내자이며 불가능을 가능으로 바꾸는 원동력이다. 인내가 있는 곳에 희망이 있고 발전이 있다. 목표를 달성하겠다는 의지가 있을 때 인내를 가질 수 있으며 그러한 의지는 평소의 생활 속에서 형성된다.

　성공은 순간적인 노력으로 이루어지는 것이 아니다. 평소에 작은 일에서부터 참고 견디며 최선을 다할 때만이 성공에 이를 수 있다. 인내는 목표의 정상에 승리의 깃발을 꽂게 만드는 원동력이다.

　성경에도 "인내를 온전히 이루라 이는 너희로 온전하고 구비하여 조금도 부족함이 없게 하려 함이라"(약 1:4)고 하였듯이, 인내하는 자만이 참된 인격을 가질 수 있다. 인내가 있는 곳에 화해와 협력이 있고, 사랑이 있다. 슬기로운 사람은 인내로써 노력을 연장하고 인내로써 감정을 절제한다. A. 제임스 부인은 "슬기로운 자의 가치 있는 경쟁은 자

> *"인내를 온전히 이루라*
> *이는 너희로 온전하고 구비하여 조금도 부족함이 없게 하려 함이라"*
> 야고보서 1:4

신과의 경쟁뿐이다"라고 하였다. 그 경쟁에 필요한 힘이 바로 인내인 것이다.

  인내를 생활 철학으로 삼자. 어두운 땅을 뚫고 바위틈을 지나 광명을 찾는 저 샘물을 보라. 아름답고 풍요로우며 보람 있는 사회를 이루기 위해 인내를 무기로 오늘의 고통을 다스리자. 산 넘어 평탄한 길이 있고, 먹구름 뒤에 찬란한 태양이 있듯이 인내의 길은 험하나 그 뒤에는 낙원이 기다리고 있을 것이다.

고통은 영광을 비추어 주는 거울

　고통과 즐거움은 인간의 마음에 자리잡은 두 가지의 지류이다. 이 두 가지는 개별적으로 존재하면서도 상호 보완하며 공존의 관계를 유지한다. T. 풀러는 "누구의 마음에도 그 나름의 고통이 있다"라고 하였다. 고통을 경험해 보지 않은 사람은 한 사람도 없을 것이다.
　그러나 고통 없이 즐거움을 찾을 수는 없다. 고통이 지난 후에는 평안이 따르는 법이며 지난날의 고통은 훗날의 기쁨을 더욱 크게 해준다. 입에 쓴 것이 몸에 이롭다는 말이 있다. 성경에서도 "우리의 잠시 받는 환난의 경한 것이 지극히 크고 영원한 영광의 중한 것을 우리에게 이루게 한다"(고후 4:17)고 말씀하였다. 순간의 고통을 이기지 못하는 자는 행복의 문을 열 수 없다.
　프랑스의 인상파 화가 르느와르는 말년에 관절염으로 많은 고생을 겪었다. 그러나 질병의 고통도 그의 창작 열의를 꺾지는 못했다. 그는 식은 땀이 흐르는 온 몸의 고통을 참아가면서 붓을 들었다. 이 모습을 지켜본 친구가 그에게 "자네는 왜 그렇게 자신을 괴롭히는 일을 멈추지 않고 있나?"라고 물어 보았다. 그러자 르느와르는 붓을 잠시 내려놓은 뒤 살며시 웃으며, "고통은 지나가 버리지만 예술은 언제나 남아 있다네"라고 대답하였다. 현재의 고통은 미래의 영광을 비추어 주는 거울인 것이다.
　사무엘 존슨은 "고통 뒤에 쾌락이 따르지 않는다면 누가 고통을 참

> "고통은 잠시요, 즐거움은 영원하다"
>
> 쉴러

겠는가?"라고 하였으며 독일의 극작가 쉴러도 "고통은 잠시요, 즐거움은 영원하다"고 말하였다. 이처럼 고통 자체를 즐거움의 신호로 여길 줄 알아야 한다. 무더위 속에서 땀 흘리며 일하는 농부는 가을의 결실을 상상하기에 지칠 줄 모른다. 아기를 낳는 어머니는 잠시 후에 보게 될 아기를 그리기에 고통을 견뎌낼 수 있다. 작은 고통을 이겨내지 못하면 이보다 더욱 큰 난관을 헤쳐나갈 수 없다.

인간은 살아가면서 예기치 않은 고통과 부딪친다. 정신적 고통이 있을 때도 있고 육체적 고통이 따를 수도 있다. 평소에 고통을 이기는 훈련이 없다면 어떤 일을 하더라도 성공을 거두기 어렵다. 어린이에게 많은 질병이 찾아드는 것은 질병에 대한 저항과 면역을 키우는 과정이라 할 수 있다. 큰 결실을 얻으려면 고통을 두려워하지 말아야 한다.

고통은 최대의 기쁨을 생산하는 최소의 투쟁이다. 역설적인 이야기이지만, 고통을 이기는 방법은 고통을 경험하는 것이다. 수영을 배우기 위해서는 물에 들어가 물을 먹어야 하듯이, 고통을 경험하지 않고서는 극복의 길을 찾을 수 없다. 고통을 경험하지 않고선 고통을 겪는 자의 처지를 이해할 수 없으며 인생의 깊은 의미를 모르게 된다. 훌륭한 인격자로 성장하려면 사회에서의 온갖 고통을 극복할 수 있는 의지를 키워야 한다.

실패는 완성을 위한 준비과정

　인간의 능력은 나름대로 한계를 지니고 있으며 또한 주변의 상황과도 마찰을 빚을 수 있다. 모든 일에서 성공의 가능성과 함께 실패의 가능성도 따르게 마련이다. 그러나 비록 소망한 일이 실패로 끝났다 할지라도, 실패하였다는 이유 하나만으로 자포자기하여 더 이상의 소망을 품지 않는 것은 스스로 나약함을 인정하는 것이나 다름없다.
　실패를 슬기롭게 극복하고 새로운 소망을 키우는 것이야말로 인간을 가장 아름답게 만드는 태도이다. "오늘 실패하여도 내일 다시 일어설 수 있다"는 굳은 각오와 결연한 의지를 갖게 될 때, 인생의 화로에 새로운 소망의 불을 지필 수 있다. 소망을 부활시키지 않는 한, 미래의 성공은 '나'의 것이 될 수 없다.
　과학자 토마스 에디슨은 백열등을 발명하기 위한 작업에 매진하면서 무려 1,200번의 실패를 경험했다고 한다. 우리의 안방을 밝혀 주는 그 백열등은 에디슨의 1,201번째의 시도 끝에 마침내 환한 빛을 뿜어낼 수 있었다. 어떤 사람이 "1,200번째 실패하였으니 이제 그만 포기하라"고 권하였을 때, 에디슨은 "1,200번 실패한 것이 아니라 1,200번 가지고는 되지 않는다는 사실을 발견한 것뿐입니다"라고 말하였다는 것이다.
　결국 에디슨은 무수한 실패를 실패로 받아들이지 않고 최종의 완성을 위한 준비과정으로 받아들였기 때문에 성공을 거둘 수 있었다. 언젠

> "1,200번 실패한 것이 아니라
> 1,200번 가지고는 되지 않는다는 사실을 발견한 것뿐이다"
> 에디슨

가는 반드시 백열등의 발명을 완수하고야 말겠다는 불굴의 의지가 없었다면, 그는 순간의 실패를 실패로만 받아들여 자신의 소망을 포기하고 말았을 것이다. 그러므로 소망을 실현하기 위해서는 실패를 두려워하지 않는 용기를 가져야 한다. 두려움이야말로 인간의 의지를 구속하는 감옥이며, 용기야말로 우리를 소망의 하늘로 인도하는 날개와 같다.

소망을 잃지 않는 사람은 어떤 절망적 상황에 처하더라도 성공의 가능성에 대한 믿음을 확고히 간직한다. 소망이 있기 때문에 현재의 시련을 인내할 수 있고, 소망이 너무도 소중하기 때문에 담대한 마음을 지닐 수 있는 것이다. "소망 가운데서 구원을 받았다"(롬 8:24)는 성경말씀처럼, 악조건 속에서도 소망을 향해 달려가는 자들에게 인생의 승리가 보장될 것이다.

발전이 크면 시련도 크다

 우주 만물은 변하지 않는 것이 없다. 그 변화가 인간의 욕구 또는 의도적 노력과 더불어 이루어질 때 이를 발전이라 부른다. 오늘의 인류 문화는 원시시대부터 이어져오는 발전의 연속적 과정이라 할 수 있다. 발전이 있는 곳에 희망이 있고 보람이 있다. 조선 중종 때의 대학자 조광조는 "세상 모든 일은 발전이 없으면 반드시 퇴보한다"고 하였다.
 발전이 없는 가정은 행복이 없고 발전이 없는 사회는 미래도 없다. 발전 없이 어떠한 목표도 달성할 수 없다. 발전은 현재 상태의 문제점을 개선하여 양적·질적 변화를 이루어 내는 것이나. 발전을 하려면 좀 더 나은 단계로 도약하려는 상승 의지를 갖추어야 한다. 도약하려는 의지와 신념이 없다면 어떠한 발전도 기대할 수 없다. 현재 상태에 대한 만족을 거부하고, 미비한 점을 보충하여 새로운 요소를 가미하려는 정신 위에서 발전의 열매를 거둘 수 있다.
 하나의 발전은 또 다른 발전의 뿌리가 되어야 하며 내일의 영광을 예비하는 연속적 과정이어야 한다. 발전에는 단계가 있는 법이다. 발전이 크면 클수록 시련도 또한 크다. 시련 없이 이루어진 발전은 퇴보할 가능성을 안고 있다. A. 테니슨은 "새가 날 수 있으려면 알 껍질이 깨져야 한다"라고 말하였다. 껍질이 깨지는 아픔이 없이 어찌 하늘을 나는 영광을 기대할 수 있겠는가? 발전을 위한 진통은 영광의 열매를 얻기 위해 꼭 필요한 자양분이다. 어린아이가 뛰어가려면 그 이전에 먼저 걸

> *"새가 날 수 있으려면 알 껍질이 깨져야 한다"*
> A. 테니슨

음마를 할 수 있어야 하듯이, 모든 발전은 단계를 거치면서 나타난다.

비록 내면 속에 갖춘 지식이 적더라도 지식을 쌓아나가는 노력을 기울이면 위대한 인물로 성장할 수 있다. 그러나 갖춘 지식이 많더라도 더 이상의 지식을 보태지 않으면 보잘것없는 인물로 전락할 수 있다. 성경말씀에도 "이 모든 일에 전심전력하여 너의 진보를 모든 사람에게 나타나게 하라"(딤전 4:15)고 하였다. 생각하고, 계획하며, 꾸준히 실천하여 지속적인 발전을 이루어 나가자. 그것이 인간사회를 더욱더 살기 좋은 사회로 변화시키는 초석이 될 것이다.

노년은 새 인생의 출발점

노년의 세월은 인간이면 누구나 거쳐야 할 필연의 과정이다. 오늘의 청년은 미래엔 노인이 될 것이며 오늘의 노인은 과거엔 청년이었다.

역사와 전통을 계승하여 오늘의 문화를 창조한 것도 노인들이며, 오늘의 젊은이를 키워준 자랑스런 인생의 보호자도 노인들이다. 노인은 사회의 공헌자요, 청년들의 지도자다. 그들이 있기에 우리가 있고 사회가 있으며 미래의 전망이 가능해진다.

다음 세대에 노인이 될 청년들이여! 그대들의 온갖 정성을 다하여 노인을 존경하고 받들라. 노인이 공경 받는 사회풍토를 조성하여 그대들이 노인이 되었을 때 다음 세대들이 공경할 수 있게 하라.

세월이 흘러 주름살이 늘고 백발이 된 노인들이여! 시간의 흐름을 안타까워하지 말라. 독일의 시인 얀 파울은 "노경(老境)을 그토록 슬프게 만드는 것은 즐거움이 없어지기 때문이 아니라 희망이 없어지기 때문이다"라고 했다. 젊은 시절의 추억을 회상하면서 과거의 업적에서 자긍심을 찾고, 자라나는 청년들에게서 자기의 옛 모습을 발견하라. 자신의 모습을 회상하듯 청년들을 바라보면서 그들에게 주는 교훈을 미래의 희망으로 삼아라. 청년들에게 인생의 지표를 제시해 주어야 할 역할이 노인들에게 있음을 생각해 볼 때, 노년은 새로운 인생의 출발점이 아닐 수 없다.

노년을 보람 있게 보내는 자만큼 인생의 보람을 느끼는 사람도 없을

> "노인만큼 인생을 사랑하는 사람은 없다"
> 소포클레스

것이다. 이런 의미에서 그리스의 작가 소포클레스는 "노인만큼 인생을 사랑하는 사람은 없다"고 말한 바 있다. 노인은 과거에 집착하기보다는 현실에 적응하고, 현재의 만족보다는 미래 지향적인 정신의 자산을 창조하는 일에 최선을 다해야 할 것이다. 어진 뜻을 펴서 밝은 미래의 기틀을 조성하고, 언행의 일치를 통해 청년들에게 인격의 사표가 되어야 한다. 노인이 청년의 귀감이 될 때만이 그 나라의 장래는 밝아지기 때문이다.

성경에서 "젊은 자의 영화는 그 힘이요 늙은 자의 아름다운 것은 백발이니라"(잠 20:29)고 하였듯이, 젊은이의 패기와 노인들의 경험이 조화를 이룰 때 국가의 발전을 추진할 큰 힘을 창조할 수 있다. 노인의 정신적 저력 위에 젊은이들의 열정을 꽃피워 아름다운 사회의 문을 활짝 열어 보자.

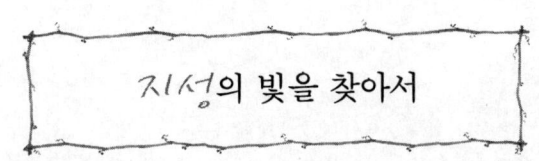

창의력은 듣는 데서부터

　지식의 습득만이 교육의 지표가 될 수는 없다. 인류의 발전에 공헌한 지식과 사상은 바로 창의력에서 우러나왔다는 것을 잊지 말아야겠다. 미래를 좀더 인간답게 살아가기 위해서는 창의력을 함양하는 데 더욱 역점을 두어야 한다.
　창의력은 스스로의 노력으로 얻어지는 것이지만 기존의 지식을 답습하는 것만으로는 창의력을 키울 수 없다. 창의력은 지식을 다각도로 활용하고자 노력하는 과정 속에서 길러지며, 대인관계 속에서 다른 사람한테서 착상과 아이디어를 얻고자 노력할수록 더욱 개발된다.
　슈바르츠는 "우리는 남에게 이야기를 함으로써는 아무 것도 배우지 못하지만 남에게 묻거나, 듣거나 하는 일에서 많은 것을 배울 수 있다"고 하였다. 대인관계에서 자신의 말만을 전달하는데 그치는 것은 서로에게 아무런 유익이 되지 않는다. 상대방한테서 말이 나오도록 유도하고, 아이디어를 끌어내는 것이 중요하다. "내 생각은 이렇습니다"라는 말 대신 "이 점에 대해서 어떻게 생각하십니까?"라는 식으로 다른 사람의 이야기를 이끌어 내고, 그의 상상력을 자신의 것으로 조화시킬 필요가 있다.
　다른 사람과의 대화를 자기의 발전을 위한 기회로 삼고, 이 기회를 유익한 것으로 선용하는 지혜가 필요하다. 대화 속에서 즐거움을 추구하고 우정을 키우며 상대방의 지성으로부터 창의력을 키우는 시간을

> "우리는 남에게 이야기를 함으로써는 아무 것도 배우지 못하지만 남에게 묻거나, 듣거나 하는 일에서 많은 것을 배울 수 있다"
> 슈바르츠

가져야 한다. 성경에서도 "너희 눈은 봄으로, 너희 귀는 들음으로 복이 있다"(마 13:16)고 하였다. 다른 사람의 말에 마음을 모으고 귀를 기울이며, 그 말 속에서 자신의 지성과 능력을 키울 수 있는 요소들을 찾아내야 한다. 독서에서, 대화에서, 사색에서 지속적으로 창의력을 키워나갈 때만이 우리 사회의 발전을 기약할 수 있을 것이다.

좋은 교육은 좋은 인간을 만든다

교육이 인간의 인격과 교양을 만든다는 것은 유사 이래로 항상 강조되어 왔던 사실이다. 일찍이 그리스의 문학가 호라티우스는 "교육은 정신의 힘을 늘려 준다"라고 하여, 교육과 교양의 상관성을 강조하였다. H. 스펜서도 "교육은 인격의 형성을 목적으로 한다"고 말함으로써 교육이 사람의 됨됨이까지도 형성한다는 것을 지적한 바 있다. 음식이 인간의 뼈와 살을 기르는 요소라면 교육은 인간의 지성과 인격을 만드는 필수적 자양분이다.

동물적 인간을 이성적 인간으로 성숙시키는 힘은 곧 교육이다. 오늘을 살아가는 인간에게서 교육의 영향을 모두 제거한다면 어떠한 현상이 나타날 것인가? 말못하고 글 못쓰는 것은 두 말할 나위도 없거니와 자제력을 잃고 자신의 욕심만을 채우려들 것이다. 교육을 통해서 역사가 이어지고, 문명과 문화가 발전하고 있다. 교육은 인류사회를 풍요롭게 하고, 인간을 좀더 나은 상태로 발전시키기 위해 필요한 정신을 기르는 과정이다. 이 과정은 세상에 태어나면서부터 시작되어 인생을 마칠 때까지 계속된다.

어떤 교육을 받느냐에 따라서 인간은 달라질 수밖에 없다. 양질의 교육은 선한 인간을 탄생시킬 뿐 아니라 아름다운 사회를 건설하는 원동력이 되기도 한다. 그러나 윤리와 지성에 바탕을 두지 않는 교육은 비열하고 폭력적인 인간을 키운다. 이러한 견지에서 그리스의 철학자

> "교육이 어느 방향으로 인간을 출발시키느냐에 따라
> 그 사람의 장래가 결정된다"
> 플라톤

  플라톤은 "교육이 어느 방향으로 인간을 출발시키느냐에 따라 그 사람의 장래가 결정된다"고 하였다.

  오늘의 교육이 참된 인간을 키우는 교육인가 다시 한번 검토해 보자. 현재 실시되고 있는 가정교육, 학교교육, 사회교육, 그리고 종교교육이 정말 인간다운 인간을 키우는 첩경인가 다시 한번 생각해 보자. 가정에서 부모가 자녀 교육을 소홀히 하고, 학교에서 교사가 학생 교육을 게을리 하며, 사회에서 어른들이 아랫사람에 대한 교육에 무관심하다면 미래의 사회는 암울할 수밖에 없다.

  성경은 잠언 22장 6절에서 "마땅히 행할 길을 아이에게 가르쳐라"고 했다. 부모는 자녀에게, 교사는 학생에게 선하고 의로운 인생을 살아가도록 길을 안내해야 할 것이다. 지속적인 관심과 가르침 속에서 아이들 스스로 불의를 이겨낼 수 있는 용기를 일깨워 주어야 한다. 기성세대 모두가 교육의 새 풍토를 조성하여 인격을 존중하는 사회, 상부상조하는 공동체를 건설해야 하겠다.

책은 무한한 가능성의 보고

책은 인류가 체험하고 사색하고 연구한 것을 기록해 놓은 말없는 교사이다. 위인들의 업적과 교훈이 있고, 과학 문명의 발자취가 새겨져 있다. 고대의 위인이나 천재와도 대화를 나눌 수 있으며, 먼 나라의 저명한 교수의 강의도 자유롭게 들을 수 있다. 그들과 흉금을 터놓고 토론할 수 있으며 무한한 의사를 교환할 수 있다.

책은 겸손하고 양심적이며 원하는 자에게만 보물을 안겨 준다. 필요할 때 필요한 것을 제공해 주며 찾지 않을 때는 언제까지라도 묵묵히 기다리는 아량이 있다 이처럼 책은 인생을 풍요롭게 하고 생존의 가치를 드높이는 신비적 힘을 갖고 있다.

일상생활에 도움을 주며 마음을 밝고 아름답게 해주는 책, 인간으로서 보람과 행복을 가져다 줄 수 있는 책, 궁극적으로는 성경과 같이 영혼의 양식을 주는 '순전하고 신령한' 책을 선택하는 것이 중요하다(벧전 2:2). T. 드락스의 말처럼 "학식은 마음의 눈"이기 때문이다.

훌륭한 책은 지친 자에게 생기를 주며 소심한 자에게 용기를 주고 우둔한 자에게 지혜를 준다. 또 외로운 자에게는 벗이 되며 방황하는 자에게는 참된 길잡이가 되어 준다. 가난한 자는 책을 통해서 부자가 될 수 있고, 부자는 책을 통해서 존귀한 자가 될 수 있다. 재산은 육체를 편안하게 하지만 책은 영혼을 안락하게 한다. 그러나 아무리 훌륭한 책이라도 독자 자신이 책을 통해서 무엇인가를 얻으려고 하는 열의가

> "책을 위해서 책을 읽는 것이 아니라 나 자신을 위해서 읽는다"
> W. S. 모옴

없다면 무의미하다.

책이 소중한 이유는 책을 읽는 사람에게 도움을 줄 수 있기 때문이다. W. S. 모옴은 "책을 위해서 책을 읽는 것이 아니라 나 자신을 위해서 읽는다"고 하였다. 그러므로 하나의 문장을 읽을 때에도 정신을 집중하여 저자가 들려주는 진리의 외침에 귀기울여야 한다. 우리의 영혼이 그 외침에 대답하며 끊임없이 대화를 나누어야 한다.

손에는 항상 책을 들도록 하자. 가정의 공간도 책으로 장식해 보자. 누구를 기다릴 때나 여가가 있을 때마다 독서를 하도록 하자. 그러면 무한한 행복의 샘물이 마음에서 솟아나게 될 것이다.

생활 전체를 학습장으로

　인간은 학습의 과정을 거침으로써 인간다운 인간으로 성장한다. 인간에게 학습이 없다면 언어도 없고 문화도 없는 원시적 인간으로 머무를 수밖에 없다. 학습의 과정이 정체된다면 미적 감각은 둔화될 것이며 현대식 도구와 장비는 냇가에 굴러다니는 돌멩이처럼 아무런 가치를 지니지 못할 것이다.

　인간은 학습과 비례하여 성장하며 학습내용에 대한 성찰을 통해 인격을 소유하게 된다. 학습은 어려운 문제를 쉽게 풀이하여 이해하는 훈련이다. 그러므로 학습은 인간의 생활을 편리하고 윤택하게 하며 인간으로서의 참된 가치와 보람을 느끼게 하는 과정이라 할 수 있다. 학습을 통하여 세계 각국의 정보를 얻을 수 있고 창조적인 아이디어를 계발할 수 있다.

　산다는 것 자체가 학습의 연장인지도 모른다. 따라서 인생을 살아가는 동안에 겪게 되는 모든 일들에서 교훈을 얻도록 노력해야 한다. 작은 교훈이라도 제대로 받아들이기만 하면 인생이 풍요로워지기 때문이다.

　"아예 배우지 않느니보다는 늦으나마 배우는 편이 낫다"는 클레오불루스의 말처럼, 학습에는 연령의 고하가 문제되지 않는다. 배우고 있는 한, 그에게는 발전이 있고 좀더 나은 내일이 있다. 학습이 없는 자는 퇴보하는 삶을 살게 될 것이며 내일이 없는 자가 될 것이다.

> *"아예 배우지 않느니보다는 늦으나마 배우는 편이 낫다"*
> 클레오불루스

어릴 때의 학습은 부모와 형제의 도움이 필요하다. 어린이의 학습은 인생 전체의 학습에 뿌리가 되므로 가장 중요한 의의를 지닌다고 볼 수 있다. 자녀에게는 자신감과 의지를 가지고 살아갈 수 있는 방법을 지도해야 하고, 사회 속에서 주고받는 사랑과 협동과 봉사의 중요성을 가르쳐야 한다. 성인이 되어서는 주위에서 접할 수 있는 모든 것을 학습교재로 삼아, 스스로 배우고 터득하는 자율학습의 과정을 익혀야 한다.

그리스의 희극작가 아리스토파네스는 "사람은 적에게서도 슬기를 배울 수 있다"라고 하였다. 인생의 생활 전체를 학습장으로 삼고, 모든 사람을 교사로 삼아 한 가지라도 더 배우려는 자세가 중요하다. 학습하는 자에게는 악의 요소가 싹틀 겨를이 없다. 견문과 체험을 통해 교훈을 얻으려는 의지가 강해질 때에 바람직한 사회가 건설될 것이다.

밤하늘의 별을 보면서 배우라

"숲 속이나 험한 산골짝에서 지저귀는 저 새소리들과 고요하게 흐르는 시냇물은 주님의 솜씨 노래하도다." 찬송가 40장 〈주 하나님 지으신 모든 세계〉의 가사는 자연을 창조하신 하나님의 역사(役事)를 찬양하고 있다.

자연은 그 어느 한 부분을 보아도 질서와 섭리에서 벗어난 것이 없고, 아름답지 않은 것이 없다. 작렬하는 태양 빛, 나지막이 속삭이며 흘러가는 강물, 밤하늘에 눈을 뜨고 있는 별들, 어머니처럼 포근한 바다, 쓰르라미의 노래가 흐르는 풀 한 포기, 흙 위에 평화로이 잠들어있는 돌멩이, 나비와 벌을 불러모아 무도회를 여는 꽃송이들, 이 모든 것이 인간의 가슴을 설레게 만든다. 자연 속의 사물들은 위대하신 하나님의 피조물이다. 이들은 진실하다.

루소는 "자연은 절대로 우리를 속이지 않는다. 우리를 속이는 것은 언제나 우리 자신이다"라고 말한 바 있다. 인간이 자연을 좋아하고 향유하는 것은 자연 속에 거짓이 없기 때문이다. 이와는 대조적으로 인간의 행위엔 거짓이 많다. 거짓을 한자로 위(僞)라고 하며, 위(僞)는 곧 인간(人)의 행위(爲)이다. 그만큼 인간에게는 배신, 가식, 교활, 속임수가 많다는 것을 의미한다.

한국 속담에도 "물은 건너보아야 알고, 사람은 겪어 보아야 안다"라고 하지 않았는가? 인간이 진실을 조금이나마 회복하기 위해서는 자연

> "자연은 절대로 우리를 속이지 않는다.
> 우리를 속이는 것은 언제나 우리 자신이다"
> 루소

에서 진실과 겸허함을 배워야 한다. 자연 속엔 하나님의 진실이 살아 숨쉬고 있기 때문이다. 노자는 "진리는 자연을 본받는다"라고 하였는데, 하물며 인간이 자연에서 배울 것이 없겠는가?

그렇다면 자연에서 무엇을 배울까? 대자연을 관찰할 때 그 속에서 운행하는 오묘한 질서와 법칙을 탐구할 수 있다. 인간은 자연이라는 교사한테서 무한한 우주의 속성과 생명의 신비를 배울 수 있다. 자연에서 얻은 지식이 없었다면, 수천 년에 걸친 학문의 발전과 인격의 도야는 불가능했으리라.

루소는 역사 이전의 상태를 상상하면서 "자연상태는 불평등이 없다"고 결론을 내렸다. 인간이 자연을 떠나지 않고 자연을 자신의 몸처럼 여길 때, 인간상호간의 높고 낮음에 대한 의식이 소멸한다는 것이다.

이제 우리 모든 젊은이들은 이 신비스러운 대자연의 교실에서 마음껏 진리를 탐구하는 진리의 탐닉자가 되어야 한다. 물론 골방이나 도서관 한 구석에서 책을 탐독하는 것도 진리 탐구의 한 방법일 수 있겠지만, 때때로 대자연 속에서 들려오는 하나님의 영감과 계시를 발견하고 기록하는 것보다 더 나은 진리 탐구의 방법은 없을 것이다.

바른 탐구로 진리를 찾아야

성경은 우리를 향해 "구하라 찾으라 두드리라"(마 7:7)고 말씀하고 있다. 진리 탐구를 권면하고 있는 것이다. 모든 사물은 보려고 노력하는 자에게만 그 속성을 드러내고, 진리는 탐구하려고 노력하는 자에게만 그 의미의 베일을 벗는다.

탐구란 사물의 본질에 대해 깊이 생각하며 사물의 속성을 확실히 이해하려는 태도이다. 또한 특정한 현상의 구성요소와 그 요소들간의 상호관계를 깊이 파악하는 것이다. 필요가 발명의 어머니라면 탐구는 그 어머니의 안내자라 할 수 있다.

인류가 낳은 문학과 예술, 그리고 과학과 철학은 지금까지의 탐구의 결과이며 미래의 발전은 탐구 여하에 달려있다. 탐구는 불가능을 가능한 것으로 만드는 관문이다. 티랜티우스는 "탐구하여 찾을 수 없을 정도로 어려운 문제는 존재하지 않는다"라고 하였다. 탐구가 깊으면 깊을수록 더 어려운 문제를 해결할 수 있고 새로운 방법을 찾을 수 있다.

탐구의 생활이란 결코 만족스럽고 흥미로운 것만은 아니다. 사막에서 황금모래를 찾으려는 결심 없이는 깊은 탐구가 불가능하다. 탐구의 결과를 기대하기에 앞서 탐구 자체를 즐거움으로 삼는 지혜가 필요하다. 『좁은 문』의 저자 앙드레 지드는 "미지를 향해 출발하는 사람은 누구나 외로운 모험에 만족해야 한다"라고 하였다. 탐구 없는 생활은 퇴보하는 생활이며 탐구 없이 살아간다면 인간의 이성(理性)은 기계와

> "탐구하여 찾을 수 없을 정도로 어려운 문제는 존재하지 않는다"
>
> 티렌티우스

다를 바 없을 것이다.

  탐구의 생활은 진지하고 지속적이며 창조적인 것이어야 한다. 또한 사회에 발전의 지표를 제시해 주고 인류에 평화의 메시지를 전해 주는 것이야말로 가장 바람직한 탐구의 내용이라 할 수 있다. 지금까지 인류의 탐구는 생산적인 면과 파괴적인 면을 동시에 추구해 왔다. 탐구의 파괴적 결과로서 가공할 핵무기 개발은 인류의 생존 자체를 위협하는 단계에까지 이르렀다. 탐구 속에 스며든 지배의 욕망과 파괴적 요소를 제거하고 공존 공영의 사회를 건설하는 데 모든 탐구의 노력을 집중해야만 할 것이다. 올바른 탐구의 철학으로 진리를 찾고, 면밀한 탐구의 방법으로 진리를 생활 속에 적용하여 평화로운 인류의 복지사회를 건설해야 하겠다.

스크랩북에 담긴 보물들

　스크랩하는 마음에는 하나의 아름다운 질서가 형성된다. 참고가 될 만한 유익한 칼럼을 오려낼 때마다 마음에는 비옥한 결실로 풍성해진다. 신문은 만신창이가 되어 울상을 짓고 있지만, 스크랩북은 차곡차곡 부피를 더해 가며 그 무엇과도 바꿀 수 없는 지성의 환희를 나에게 안겨 준다.
　스크랩북은 학창시절 '나'의 재산 목록 제1호이다. 이따금 정신이 스산하고 마음이 무거워지는 시간에, 스크랩북을 펼쳐 넘기면 그 매캐한 갱지 내음과 활자의 기름 내음이 후각을 자극하여 야릇한 향수마저 불러일으켜 준다. 눈길이 닿는 글을 읽게 되면 어느덧 심신의 피로는 맑게 씻기고, 그 무거웠던 정신은 평화의 날개를 펼친다.
　스크랩의 대상에는 제한이 없다. 눈에 띠는 신문, 잡지의 사설과 문화칼럼, 시사평론, 서평 등이 스크랩북의 텃밭을 빛내 주는 꽃송이가 된다. 한번 손을 댄 신문은 군데군데 사정없이 상처를 입고 파지(破紙)가 되지만, 신문의 희생으로 인해 태어난 스크랩북은 시간의 한계를 초월하는 지성의 보고(寶庫)가 되어 지금까지도 살아 숨쉬고 있다.
　인간의 기억력엔 한계가 있기 때문에 의미 깊은 기억을 좀더 오랫동안 간직하기 위하여 스크랩이 필요하다. 스크랩을 일상의 한 부분으로 삼으려면 인내와 정성을 기울여야 한다. 스크랩 대상으로 체크된 신문의 앞뒤 쪽이 겹칠 때 어느 기사를 희생시킬 것인지의 여부는 진지한

*스크랩북에서는 생활인의 은은한 지혜를 만날 수 있고,
애환 어린 역사의 발자취를 만져 볼 수 있다*

생각과 객관적 평가가 있은 뒤에야 결정된다.

연재 중이던 고정 칼럼을 접하기도 전에 신문이 행방불명되는 날이면, 그 날의 감정은 이루 말할 수 없을 만큼 서글퍼진다. 결국 신문사에 연락하거나 또는 도서관의 정간실에서 지나간 자료를 복사하기도 하고 손수 필사하기도 한다.

스크랩북이라는 이름으로 만들어진 다양하면서도 아름다운 지성의 요람. 그곳엔 시가 있고, 수필이 있고, 정서가 있고, 인간의 사랑스런 대화가 담겨 있다. 권태를 씻어줄 샘물이 흘러 넘치고, 원시림 속의 전설이 무르익는다. 일상의 생활에서 우러나오는 생활인의 은은한 지혜를 만날 수 있고, 애환 어린 역사의 발자취를 만져 볼 수 있다.

*지성*의 빛을 찾아서

금은보화와 바꿀 수 없는 가정

가정은 육체와 마음의 안식처이며 사랑과 행복이 샘솟는 곳이다. 가정을 통해서 새로운 삶을 향한 의욕이 용솟음치며, 실의에 빠지는 경우에도 다시금 용기와 신념의 불꽃을 피워 올릴 수 있다. 그러므로 A. 카울리는 "정다운 내 집이 없으면 온 세상일지라도 커다란 감방에 지나지 않는다"고 하였고, J. H. 페인은 "쾌락과 궁전 속을 거닐지라도, 언제나 초라하지만 내 집만한 곳은 없다"라고 하여 가정이 가장 소중한 안식처임을 강조하였다.

가정이 좋은 곳임을 모르는 사람은 머리맡에 보석을 두고도 멀리서 찾으려는 자와 똑같이 어리석은 사람이다. 많은 사람들이 즐거움을 밖에서 찾으려 하나 결국은 가정에서 찾게 되는 것을 본다. 이를 가리켜 G. 무어는 "사람은 자신에게 필요한 것을 찾기 위하여 온 세상을 여행하고 집에 돌아와 그것을 찾게 된다"고 하였으며, 성경에서도 "네 샘으로 복되게 하라 네가 젊어서 취한 아내를 즐거워하라"(잠 5:18)고 말함으로써 가정이 희락의 원천임을 증거한 바 있다.

밖을 내다보기 전에 먼저 가정 속에 쏟아지는 광명한 햇살을 응시하라. 그리고 가정에서 기쁨과 보람을 찾으라. 그러면 행복은 그대의 소유가 될 것이다.

독일의 대문호 괴테는 그의 시 「충고」에서 "너는 왜 자꾸만 멀리 가려 하느냐? 네가 잡을 줄만 안다면 행복은 바로 너의 곁에 있다"고 하

> "너는 왜 자꾸만 멀리 가려 하느냐?
> 네가 잡을 줄만 안다면 행복은 바로 너의 곁에 있다"
>
> 괴테

였다. 일생동안 아껴주고 사랑할 내 남편과 내 아내가 있는 곳, 사랑스런 아들과 딸이 있는 곳만큼 행복이 넘치는 곳이 또 어디 있겠는가?

눈을 열고 지금까지 가꾸어 온 사랑의 나무를 유심히 바라보자. 그 나무에 탐스럽게 맺혀 있는 평강의 과일들을 온 가족과 함께 나누도록 하자. 가정의 동산에서 어느 것 하나 보배롭지 않은 열매가 있겠는가? 아내의 따뜻한 숨결, 자녀들의 즐거운 웃음이 살아 있는 곳, 이 세상의 모든 금은보화를 준다 해도 결코 바꿀 수 없는 것이 우리의 가정이다.

가정의 평화는 인류의 평화

　가정이란 부부를 중심으로 부모와 자녀가 함께 모여 사는 공동체 중에서 가장 기본 단위이며, 시인 T. S. 엘리어트의 말처럼 "모든 산업의 궁극적 목적"이다.
　인격적 기반 위에 기초한 가정은 어떠한 정치·경제·사회 변화에도 위축되지 않고 화목을 유지할 수 있으며 참된 안식처가 될 수 있다. 가정이 위로와 용기, 휴식과 안정을 주는 힘의 원천이 되려면 모든 가족의 언행에 사랑이 깃들어 있어야 한다. 부부생활의 행복도, 자녀교육의 성패도, 형제지간의 상부상조도 가족을 어떻게 사랑하느냐에 딸려 있는 것이다. 영국의 낭만파 시인 사무엘 코울리지는 "가정을 사랑하는 자만이 나라를 사랑한다"고 하지 않았는가?
　가정에서 얻는 마음의 평화는 인간을 가장 행복하게 해준다. 마음속에 평화가 깃들 때 가족들은 각자 맡은 일에 더욱 충실할 수 있고, 큰 포부를 성취할 수 있게 된다. 부모와 자녀간에, 형제와 자매간에 이해와 협조로 조화를 이루지 않는다면 가정엔 하늘의 평화가 내려올 수 없다. 성경 디모데전서 5장 8절의 "누구든지 자기 친족 특히 자기 가족을 돌아보지 아니하면 믿음을 배반한 자요 불신자보다 더 악한 자니라"는 말씀을 깊이 상고해야 할 것이다.
　평화로운 가정에는 행복의 새가 둥지를 틀게 마련이다. 독일의 대문호 괴테는 "임금이든 백성이든 자기 가정에서 평화를 찾는 자가 가장

> "가정을 사랑하는 자만이 나라를 사랑한다"
> 사무엘 코울리지

행복한 인간이다"라고 했다. 가정에서 참으로 필요한 것은 많은 재산, 높은 지위, 좋은 학벌, 호화주택이 아니라 즐거운 노래와 덕담, 사랑과 평화이다.

"내가 믿는 것은 가정의 단란함"이라고 말한 여류작가 잉에 숄(Inge Scholl)의 고백처럼 우리는 가정의 단란함에 소중한 가치를 부여해야만 한다. 우리 모두 화목한 가정을 꾸미도록 노력해 보자. 온 가족이 한 지붕 밑에서 웃으며 노래하는 지상의 작은 낙원을 가꾸어 보자.

좋은 부모가 되는 길

　풍족한 의식주 생활을 제공하고, 일류 대학에 보내기 위해 교육비를 아낌없이 투자하는 부모가 결코 좋은 부모는 아니다. 시대와 역사의 흐름 속에서 무엇이 참된 것이며 무엇이 거짓인지를 자녀에게 가르쳐 주는 사람이 좋은 부모일 것이다.
　좋은 부모가 되려면 자녀로 하여금 올바른 가치관을 갖도록 신앙교육에 힘써야 한다. 자녀는 보고 듣는 대로 배우게 된다. 부모가 무엇을 심어주느냐에 따라 자녀의 인격이 결정된다. 그렇다면 좋은 부모로서 자녀에게 공급해야 할 정신의 자양분은 무엇인가?
　부모는 자녀에게 '믿음'을 심어 주어야 한다. 이것은 '하나님은 오직 한 분'이심을 가르치는 것이다. 또한 하나님 중심으로 인생을 살아가도록 교육하는 것이다. 철학, 곧 'philosophy'의 어원이 '지혜를 사랑하는 것'이라면 기독교는 '인간을 창조하신 하나님을 사랑하는 것'이다. 하나님을 사랑한다는 것은 그분의 말씀과 가르침을 진리로서 신뢰한다는 뜻이다. 이러한 '믿음'을 바탕으로 자녀의 가치관과 인생관이 정립되도록 가르쳐야 한다.
　부모는 자녀에게 '소망'을 심어 주어야 한다. 진실한 소망은 오직 하나님에게서만 찾을 수 있음을 일깨워 주어야 한다. 이를 위해서는 자녀에게 언제나 하나님의 말씀을 가르쳐야 한다. 그분의 말씀 속엔 최고의 지혜와 최고의 선(善)이 살아 있기 때문이다. 말씀을 통해 자녀를 교육

자녀는 부모의 소유물이 아니라
하나님께서 맡겨 주신 거룩한 선물이다

하는 일을 소홀히 하는 것은 자녀를 멸망의 수렁으로 몰아넣는 행위와 같다. "집에 앉았을 때든지 길에 행할 때든지 누웠을 때든지 일어날 때든지 이 말씀을 강론하라"(신 6:7)고 하였듯이, 자녀의 유년 시절부터 하나님의 말씀을 읽고 묵상하도록 권유할 때 자녀의 장래는 밝아진다(잠 22:6).

부모는 자녀에게 '사랑'을 심어 주어야 한다. 자녀들이 부모의 사랑을 깊이 체험하지 못하면 하나님의 사랑을 이해할 수 없다. 베풀고 감싸주는 것만이 '사랑'은 아니다. 잘못을 범했을 때 하나님의 말씀을 통해 훈계의 채찍을 드는 것이 진정한 '사랑'이다. 자녀로 하여금 자기의 잘못을 깨닫는 기회를 통해 인생을 성찰 할 수 있는 능력을 길러주며, 잘못을 용서받는 기쁨을 통해 하나님의 넓으신 '사랑'을 느끼게 해주어야 한다.

유대인들이 자녀교육에 성공한 것은 '믿음'과 '소망'과 '사랑'을 심어 주는 신앙교육을 철저히 준행한 데 있었다. 개인, 가정, 국가가 신앙교육을 삶의 근본으로 삼는다면 어떠한 역경도 이겨낼 수 있다. 자녀는 부모의 소유물이 아니라 하나님께서 맡겨 주신 거룩한 선물임을 기억하면서 자녀의 마음밭에 '믿음', '소망', '사랑'을 심어 주는 부모가 되어야겠다.

명랑한 아이가 머리가 더 좋다

현대인들은 웃음과 밝은 표정을 잃어가고 있다. 거리에서 명랑한 얼굴로 걸어가는 사람을 보기가 어려워졌다. 금방이라도 미소가 번질 듯한 얼굴을 보면 아름다운 계곡의 맑은 물을 보는 것처럼 마음이 환해진다.

인간은 본래 밝은 표정을 타고난 존재이다. 어린아이가 잠든 모습은 순수의 절정이며, 부모 품에 안겨 재롱을 부릴 때는 작은 천사의 명랑한 얼굴을 보게 된다.

명랑한 태도는 자기를 발전시킬 뿐 아니라 사회의 갈등을 완화시켜 주는 묘약과도 같다. 그러므로 세익스피어는 "인생을 해롭게 하는 비애를 버리고 명랑한 기질을 간직하라"고 충고하였다. 명랑한 태도로 일하면 어려운 일도 손쉽게 처리할 수 있으며 능률이 향상된다. "지혜의 가장 명백한 징조는 언제나 명랑할 때 나타난다"라는 몽테뉴의 말에서도 알 수 있듯이, 명랑한 음성으로 가르치면 더 높은 교육적 효과를 기대할 수 있으며, 명랑한 얼굴로 수업에 임하는 학생은 마음의 여유 속에서 더욱 지혜로워진다.

명랑한 얼굴은 만복이 살고 있는 집이며 침울하고 짜증스런 얼굴은 사탄이 좋아하는 놀이터이다. 표정은 항상 밝게, 입가엔 미소가 떠나지 않아야 하며, 마음엔 즐거움이 넘쳐야 한다. 명랑한 태도가 몸에 배이면 영혼에 평안이 깃들어 정신이 맑아지고 신진대사가 원활해져 건강한 삶을 살아가게 된다. 그러므로 A. 머피는 "명랑성은 건강에서 중요

> "지혜의 가장 명백한 징조는 언제나 명랑할 때 나타난다"
>
> 몽테뉴

한 구성 부분이다"라고 하였다.

  그러나 명랑한 웃음과 언어는 마음속 깊이 진심에서 우러나는 자연스런 표현이 될 수 있어야 한다. 성경말씀에 "마음의 즐거움은 얼굴을 빛나게 하여도 마음의 근심은 심령을 상하게 하느니라"(잠 15:13)고 했다. 명랑한 태도가 몸에 배려면, 평소에 거짓이 없어야 하고 근심을 멀리해야 하며, 이기심을 버려야 한다. 현실을 긍정하면서 좀더 발전시키려는 적극적 의지를 키워야 한다. 상대방의 처지를 이해할 수 있어야 하고 용서하며 도와주려는 자세를 길러야 한다. 실패를 성공의 계기로 삼을 수 있어야 하고 시련을 성공의 과정으로 돌릴 수 있는 용기를 잃지 말아야 한다. 희망과 꿈이 용솟음칠 때 명랑성은 마르지 않는 인생의 샘물이 될 것이다.

자녀의 '자기 모습'을 찾아 주어야

　창세기 1장에는 하나님께서 공중의 새와 바다의 고기와 땅에 기는 짐승들을 만드셨고, 하나님의 형상대로 인간을 창조하셨다고 기록되어 있다. 특히 하나님께서는 인간을 창조하시고는 "보시기에 심히 좋았더라"고 하셨다. 자신의 모습을 닮은 존재를 창조하시어 너무나 즐겁고 행복하다는 뜻이다.
　만약 새가 공중을 떠난다거나 또는 물고기가 물을 떠난다거나 짐승이 땅을 떠난다면 어떻게 되겠는가? 또한 사람이 하나님의 형상을 닮지 않는다면 어떤 일이 벌어지겠는가? 물고기가 물을 떠나면 생명을 잃어버리듯이, 사람도 하나님을 떠나서는 죽음을 면할 수 없다. 끊이지 않는 근심, 걱정, 고생의 사슬에 묶여 사람의 영혼은 죽음을 경험하게 될 것이다.
　자녀교육에도 이러한 창조의 섭리와 원리가 작용하고 있음을 깨달아야 한다. 부모가 자녀에게 일방적으로 부모의 소망을 주입해서 교육하는 것이 아니라, 하나님께서 창조하신 본래의 '자기 모습'을 완성할 수 있도록 자녀를 가르치고 길러주어야 한다. 곧 하나님께서 자녀의 영혼에 심어 놓으신 달란트대로 교육하는 것이 창조의 섭리에 부응하는 자녀교육의 모범인 것이다.
　"각각 그 재능대로 하나에게는 금 다섯 달란트를, 하나에게는 두 달란트를, 하나에게는 한 달란트를 주고 떠났다"(마 25:15)는 말씀은 자

*자녀의 '자기 모습'을 찾아줄 때에 비로소 우리의 자녀들은
하나님께서 계획하시는 '최고의 모습'을 나타낼 수 있다*

녀교육의 중요성을 암시한다. 부모가 자녀의 개성과 소질을 계발시켜 주느냐의 여부에 따라 자녀는 행복한 인생을 살기도 하고 불행한 인생을 살기도 한다. 부모는 자녀들의 장래를 위해서 그들의 타고난 개성과 소질을 계발하도록 관심을 가져야 하며, 자녀들이 재능에 따라 잘할 수 있는 것을 스스로 할 수 있도록 도와주어야 한다.

본래 왕자로 태어났으나 다른 사람과 신분이 바뀌어 거지 신세가 된 사람이 있다. 그는 자신이 왕자라는 사실을 알지 못해 구걸로 하루하루를 연명해 나가는 것 외엔 삶의 의미를 찾지 못했다. 만일 그가 본연의 신분을 알았더라면 왕자의 긍지를 지니고 왕자다운 인격을 갖추려고 노력했을 것이다. 개성과 소질을 모르고 살아가는 자녀는 이 이야기 속의 왕자와 다름없을 것이다. 자녀의 개성과 소질이 무엇인지를 파악할 때 지금보다 몇 배 또는 몇 십 배나 더 훌륭한 사람으로 성장할 수 있는 길이 열린다.

경행록에서도 "무슨 일에든지 한 가지 일에 능통하라. 한 가지 일에도 능통하지 못하면 한 가지 지혜도 자라지 못한다"고 하였다. 새가 잘할 수 있는 것은 공중을 날아다니는 것이요, 물고기가 잘 할 수 있는 것은 바다를 헤엄치는 것이다. 우리의 자녀가 잘할 수 있는 일도 이미 하나님의 섭리로 결정되어 있다. 그 신성한 일을 열심히 할 때 비로소 하나님을 닮은 자녀의 '자기 모습'이 드러나게 된다. 자녀의 '자기 모습'

을 찾아줄 때에 비로소 우리의 자녀들은 하나님께서 계획하시는 '최고의 모습'을 나타낼 수 있다. 세상에서 둘도 없는 귀한 존재가 될 수 있는 것이다.

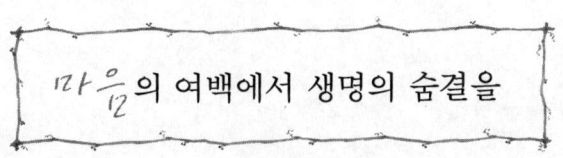

사랑은 기쁨을 나누는 것

사랑이란 인간이 지닌 가장 아름다운 감정이며 숭고한 행동이다. 인간답게 산다는 것은 사랑한다는 것이요, 사랑한다는 것은 인간답게 산다는 것이다. 사랑의 마음은 모든 것을 포근히 감싸줄 수 있는 힘을 갖고 있다. 사랑은 인간생활의 최고의 진리이며 최상의 본질이다.

사랑은 곧 하나님의 마음이다. 사랑이 있는 곳에는 행복이 존재한다. 사랑할 수 있을 때에 진정한 인생의 기쁨을 찾을 수 있다. 미움이나 원망은 분쟁을 일으키지만 사랑은 모든 허물을 덮는다.

R. A. 하인린은 "사랑이란 타인의 행복이 너 자신의 행복에 꼭 필요한 것이 되는 상태"라고 하였으며, 톨스토이도 "사랑이란 자기희생이며 우연에 의존하지 않는 유일한 행복"이라고 하였다. 이렇듯 사랑에는 희생이 따른다. 자기의 이해관계를 떠나 상대방에게 도움을 주려는 마음이 강해질 때 그 두 사람은 서로 밀접한 친분을 이루게 된다. 어머니의 사랑이 고귀함은 어린 생명을 위한 아낌없는 자기 희생의 노력이 있기 때문이다.

성경의 말씀처럼 '사랑'은 "자기의 유익을 구하지 않으며"(고전 13:5) 소중한 것을 아낌없이 내주는 행동이다. 이러한 사랑을 실천하려면 그 마음이 순수해야 한다. 상대방의 인격을 존중하지 않고는 진실한 사랑이란 있을 수 없다. 존중한다는 것은 깊은 이해심과 따뜻한 관심을 갖는 것이다.

> "사랑이란 타인의 행복이 너 자신의 행복에
> 꼭 필요한 것이 되는 상태이다"
> R. A. 하인린

인간은 완전하지 않기에 실수와 잘못을 하게 마련이다. 그러나 단점을 지적하기에 앞서 상대방의 장점을 찾아 칭찬하고 격려해 주는 것이 참된 사랑이다. R. 유스티노프는 "사랑은 무한히 용서하는 행동이며, 습관이 되어 버릴 만큼 상냥하게 보아주는 것이다"라고 말한 바 있으며, 성경에서도 "사랑은 허다한 죄를 덮느니라"(벧전 4:8)고 하였다. 이것이 곧 사랑의 신비이다. 사랑의 열매는 아무리 큰 잘못이라도 용서하는 데서 나타난다.

진실한 친구

　이 세상을 살아가면서 많은 친구를 사귀게 된다. 그러나 자기의 가슴을 활짝 열어놓고 진실을 나눌 수 있는 친구가 과연 몇이나 될까? 유희와 쾌락만을 같이 하는 친구, 필요한 일이 있을 때만 만나는 친구는 진정한 친구가 아니다. 괴로울 때 위로의 손길로 슬픈 가슴을 어루만져 줄 수 있는 친구, 절망 가운데서 헤어 나오지 못할 때 용기와 희망을 불어넣어 주는 친구가 진정한 친구이다.
　예부터 영원히 변치 않는 친구 둘만 사귀면 훌륭한 사람이란 말이 있고, 나쁜 친구를 사귀는 것보다는 혼자 외로운 편이 더 낫다는 말도 있다. 인생에서 친구한테서 받는 영향이 결코 적지 않음을 실감케 해주는 말이다. 유년시절의 죽마고우가 '나'를 불의한 길로 인도한다면 이 사람은 친구가 아니라 '나'의 영혼을 좀먹는 암적 존재라 할 수 있다.
　우정엔 연륜보다 깊이가 더 중요하다. '나'로 하여금 세상의 환락과 부정을 가까이 하게 만드는 사람이 오랫동안 사귀어온 친구라 할지라도, 이러한 우정은 모래 위에 지은 집과 같은 것이다. 바람이 불면 모래 위의 집은 무너질 수밖에 없듯이, 불의한 친구와의 우정은 세속적 욕망 때문에 쉽사리 깨진다. 사귄 지 불과 몇 년밖에 안 되는 사람일지라도 언제나 '나'에게 선(善)과 덕성을 깨우쳐 주는 사람이야말로 진정한 친구가 아니겠는가?
　마포크리나는 "충실한 벗은 인생의 의약과 같은 것이다"라고 하였

> "충실한 벗은 인생의 의약과 같은 것이다"
> 마포크리나

다. 선한 친구를 사귀는 것은 '나' 이외에 또하나의 '나'를 얻는 것이나 마찬가지다. 예부터 친구를 보면 그 사람이 어떤 사람인지를 알 수 있다고 했다. 노력 없이 친구간의 우정은 성장할 수 없다. "우정의 지속을 위해서는 친하면 친할수록 서로 존경심을 변치 말아야 한다"는 공자의 말처럼, 친구 사이에 서로 신의를 지키며 상대방의 장점을 인정해 주는 것이 우정의 초석이다.

친구한테서 무엇을 받기를 기대하지 말고, 무엇을 줄 것인지를 먼저 생각하고 실천해야 한다. 성경에서도 "사람이 친구를 위하여 자기 목숨을 버리면 이에서 더 큰 사랑이 없다"(요 15:13)고 하였다. 참된 친구를 얻으려면 '나'부터 진실한 사람이 되어야 하며, 누군가를 아낌없이 섬길 수 있는 사람이 되어야 한다.

진실한 친구를 가진 사람은 행복한 인생을 살 수 있다. 열 사람의 평범한 친구보다 한 사람의 진실한 친구가 필요하다. 지금 '나'의 곁에는 진실한 친구가 있는지 한번 생각해 보자. 만남과 사귐 속에서 우정의 꽃밭에 언제나 희망의 꽃씨를 심어 주는 친구가 있는지를.

자연 예찬

　자연은 하나님이 이룩해 놓은 예술의 극치이며 우리의 정신을 풍요롭게 가꾸어 주는 원천이다. 자연의 만물 중 그 어느 것 하나 진리를 간직하지 않은 것이 없고, 어느 것 하나 우리에게 교훈을 주지 않는 것이 없다. 이러한 자연을 떠날 수 없는 것이 인간에게 주어진 천명(天命)이기에 나는 자연을 사랑한다.
　18세기의 계몽사상가 볼테르는 "자연은 교육보다도 한층 더 큰 힘을 가지고 있다"고 말했다. 자연 속에는 인간의 시기, 질투, 허영, 사치, 위선이 끼여들 틈이 없고 아름다움과 진실 그 자체뿐임을 시사하는 말이다. 그러므로 이러한 자연 속에서 마음껏 사색하고 또 소리 높여 새들처럼 노래하는 생활이야말로 행복한 생활이라 아니할 수 없다. 톨스토이가 자신의 명저『행복론』에서 "행복이란 자연과 함께 있으며 자연을 보고 자연과 함께 이야기하는 그것이다"라고 말하였듯이, 우리 자신이 직접 자연 속에 묻혀 살아보지 않고서는 행복의 진미를 체험할 수 없다.
　높은 산정에 올라서서 발 밑에 펼쳐지는 광활한 평야를 내려다볼 때에, 고요한 바닷가에 서서 포근하게 넘실거리는 파도를 볼 때에 인간의 고통은 일순간에 씻겨 저절로 창조주 하나님을 향한 찬양이 흘러나오게 된다. "아침해가 돋을 때 만물 신선하여라 나도 세상 지낼 때 햇빛 되게 하소서." 자연 속에서 하나님의 창조의 손길을 느낄 때 찬송가

> "행복이란 자연과 함께 있으며 자연을 보고
> 자연과 함께 이야기하는 그것이다"
> 톨스토이

  358장의 노래가 나의 입술을 떠나지 않는다. 그러기에 나는 가끔 방안에 누워 무의미한 공상에 잠겨 있는 것보다 꽃들이 피어나고 새들이 지저귀며 풀벌레들이 노래하는 대자연의 숲 속을 즐겨 찾아간다. 숲 속을 찾는 사람들의 웃음소리도 한층 명랑하게 들려오고, 그 웃음소리에 화답하여 새들은 어린아이처럼 재잘거리며, 게다가 보드라운 바람마저 나의 지친 마음의 상처를 어루만져 주니 이 모두가 대자연을 통한 하나님의 은혜가 아닌가!

  새벽에 깨어나서 녹음이 우거진 산등을 타면 마치 백두 산록의 원시림 속에라도 들어간 듯 그윽하고 아늑한 품속에 잠기게 되어 생명의 풍요로움을 느낄 수 있다. 발소리를 감추어 가며 숲 속을 헤쳐 갈 때에, 나뭇가지들 사이로 들려오는 온갖 새들의 지저귐은 진실로 인간의 교향악을 무색케 만드는 꾸밈없는 교향악이다. 이 새들의 교향악은 정녕 대자연의 오묘한 조화를 노래함이니, 듣는 이로 하여금 온갖 잡사와 잡음을 잊어버리게 하고, 있는 그대로의 자연을 예찬하게 만든다.

  "자연으로 돌아가라"는 루소의 부르짖음에 호응하여 영국의 낭만주의 시인(詩人) 바이런은 천지를 집으로 삼고 산하를 벗삼아 방랑하였다고 한다. 우리도 가끔씩은 자연으로 돌아가서 자연의 아름다움과 깨끗함을 받아들이며 인간 본연의 모습으로 살아가는 법을 배워야겠다.

여행은 편견을 바꾸는 창조 행위

여행은 누구나 원하는 것이다. 여행만큼 즐거운 일도 없다. 아무런 부담 없이 가벼운 마음으로 떠날 수 있기 때문이다. 여행을 하는 동안 정신적 육체적 피로를 풀 수 있을 뿐 아니라 새로운 것을 보고 듣고 느끼는 과정 속에서 사고의 깊이를 키울 수 있다. 여행을 통해서 우리는 많은 것을 느끼고 배운다.

프랜시스 베이컨이 "어린 시절엔 여행이 교육의 일부이며, 좀더 나이가 들어서는 경험의 일부이다"라고 말하였듯이, 사람은 여행을 통해서 세계와 우주의 신비, 자연과 인생의 조화, 이웃과 인류의 사랑을 더욱 깊게 체험할 수 있다. 그러므로 교육적 의미에서 여행은 정신을 재창조하는 과정이라 말할 수 있다.

프랑스의 문학가 스따알 부인이 "타국을 보면 볼수록 나는 더욱더 나의 조국을 사랑하게 된다"고 말했듯이, 인간은 멀리 여행을 떠남으로써 가족의 소중함을 알게 되고 고향과 조국에 대해 애틋한 사랑을 갖게 된다. 이러한 의미에서 경희대학교 설립자 조영식 박사는 "여행은 역사를 종횡으로 보는 것이요, 사회상을 입체적으로 관찰하는 것"이라고 했다.

여행은 단순한 관광도, 장소를 바꾸는 편력의 과정도, 놀이와 유희도 아니다. 여행은 방학이나 휴가, 주말, 공휴일에만 있는 것도 아니다. 여행은 언제든지 할 수 있는 아름답고 유익한 경험이다. 잘 해결되지

> "어린 시절엔 여행이 교육의 일부이며,
> 좀더 나이가 들어서는 경험의 일부이다"
> 프랜시스 베이컨

    않는 문제로 인하여 가슴이 답답하거나 업무에 지쳐 피로가 쌓일 때, 또는 '나' 자신의 내면과 인생을 돌아보고픈 정신적 충동이 느껴질 때는 지체없이 여행을 떠나자.
    인간과 사회에 대한 진지한 사색이 수반되는 여행은 수십 년이 지난 후에도 추억으로 남게 되며 평생토록 삶의 활력소가 될 것이다. 인도의 속담에서도 "가장 귀여운 자식에게는 여행을 하게 하라"고 권면하였듯이, 여행은 전인교육이 중요한 부분을 차지한다고 볼 수 있다. 조국의 산하와 세계의 각지를 두루 다니며 견문을 넓혀 가는 과정에서 자기 자신의 장래를 설계할 수 있고 인간과 사물에 대한 이해의 폭을 넓힐 수 있다. 여행을 통해서 기존에 갖고 있었던 수많은 편견과 고정관념을 변화시키는 수확을 얻을 수 있다.

대자연의 넓은 품속에서 사색을

　현자는 자연의 순리대로 살아 마음의 평화를 얻으나 어리석은 자는 자연에 반항하다가 마음의 평화를 잃는다. 자연에서 배우고 생활하는 자는 개인의 욕망을 절제하는 법을 터득하여 안식을 얻는다. 자연과의 친화 속에서 진리 탐구의 목적도 이룰 수 있다. 그러나 자연의 순리를 거역하면서까지 개인의 욕심을 실현하고자 한다면 유익도 안식도 얻지 못할 것이다.
　진리에 가까이 다가가려면 우주와 대자연 속에 배움의 터를 정해야 한다. 그 속에서 자연과 인간의 관계를 생각하며 모든 생명체들의 근원에 대해 숙고해 보아야 한다. 대자연의 넓은 품속에서 사색을 즐긴 인물들이 결국엔 큰 진리를 깨닫고 인류문화의 발전에 공헌하는 바가 컸다. 이것은 역사를 통해서도 드러나는 사실이다. 역사에 기록된 위인들뿐 아니라 인간이라면 누구든지 자연의 혜택을 입지 않은 자가 없는 것이다.
　그러나 현대인들은 과학기술을 무절제하게 남용하여 자연 생태계를 파괴하고 있다. 따라서 자연은 본래의 생명력을 상실해 가고 있으며, 인간에게 낯선 존재로 변해 가고 있다. 현대인들은 기계문명의 편리함에 매혹되어 자연의 소중함을 잊어버리고 있다. 관념 속에서만 자연의 순수성을 인정할 뿐, 실제로는 자연 파괴를 더욱 앞당기고 있다. 이로 인하여 자연과 인간의 거리는 점점 멀어져 가고 있다. 오염된 자연 때

진리에 가까이 다가가려면
우주와 대자연 속에 배움의 터를 정해야 한다

문에 인간의 생명까지도 위협받는 상황에 직면하고 있다.

　이 모든 폐단은 자연이 인간생명의 원천이라는 사실을 망각한 데서 오는 결과이며, 자연의 은혜를 저버린 대가인 것이다. 일찍이 루소는 그의 명저 『에밀』에서 "자연으로 돌아가라"고 부르짖은 바 있다. 자연과 인간의 조화 속에서 인간의 참된 행복을 찾을 수 있으며, 반면에 자연을 인간의 삶에서 소외시키거나 일방적인 이용의 대상으로 삼을 때 인간의 불행이 찾아옴을 뜻하는 것이다.

　자연에서 분리된 인간은 육체적 건강과 함께 정신적 건강을 상실하게 된다. 인간사회에서 사랑이 메마르고 극단적 이기주의가 만연하는 것은 자연에서 정서를 공급받지 못하기 때문에 나타나는 현상이다. 그러므로 황폐해진 자연을 아름다운 옛 모습으로 되돌리는 노력을 통해서 인간의 생활환경과 정서적 환경을 보전해야 한다. 생명에 대한 경외심을 부활시키고 인간과 자연의 조화를 회복할 때 비로소 낙원으로 향하는 길이 열리게 될 것이다.

일은 그 자체가 즐거운 것

인간은 신체구조로 보아 일을 하며 살아가도록 되어 있다. 발은 걷거나 뛰며 움직여야 하고, 손은 도구를 만지거나 조작하도록 되어 있어 무엇인가를 항상 다루어야 한다. 일을 함으로써 건강을 유지할 수 있고 즐거움과 생의 보람을 느낄 수 있다. 독일 사실주의 문학의 선구자 게오르그 뷔히너는 "태양 아래 모든 것은 일이다. 잠잘 때까지도 땀을 흘리라"고 권면한 바 있다.

일은 행복의 조건이며 풍요로 가는 지름길이다. 일을 피하는 자는 만복을 피하는 자이며 일을 찾아서 행하는 자는 만복의 금광을 캐는 자이다. 위대한 인류의 역사는 조상들이 이루어 놓은 금자탑이며, 찬란한 문화는 일에 의해서 창조되는 것이다. 예부터 일과 노동을 게을리 한 민족은 멸망했고 땀을 즐거워하는 민족은 번영하였다.

일은 그 자체가 즐거운 것이다. 일이 없을 때는 잡념이 찾아 들고 건전하지 못한 생각이 들지만, 일을 할 때는 기쁨과 진취적인 생각으로 가득 차게 된다. 러시아의 소설가 막심 고리키는 "일이 즐거움일 때 인생은 즐겁다. 일이 의무일 때 인생은 노예이다"라고 하였다. 일은 강요에 의해서 마지못해 하는 노동이 되어서는 안 되며 스스로 행하는 자발적 참여의 대상이 되어야 한다. 일단 일을 시작하였으면 일 자체에다 모든 정력을 투입해야 한다. 성공할 수 있다는 확신 속에서 최대한 노력하고 마지막 결과는 하나님께 맡겨야 한다.

> "일이 즐거움일 때 인생은 즐겁다.
> 일이 의무일 때 인생은 노예이다"
> 막심 고리키

    미국 건국 초기에 대통령을 지낸 바 있는 벤자민 프랭클린은 "백년을 살 것처럼 일하고 내일 죽을 것처럼 기도하라"고 하였다. 온 정력을 기울여 일을 할 때 반드시 성공이라는 선물을 부여받게 된다. 일을 한다는 것은 고통을 가져오기도 하지만 일한 후의 기쁨은 몇 배의 보상이 되어 돌아온다. 처음 시작할 때의 결의를 되새기며 마지막까지 최선을 다할 때 마음의 평화와 물질의 풍요를 함께 누리게 될 것이다.

경직된 사회일수록 유머를

유머는 현실에 대한 인식 또는 철학적 의미를 우스꽝스런 표현으로써 상대방에게 전달하는 언어형식이다. 너그러운 마음씨, 여유 있는 태도 속에서 유머는 자란다. 유머가 있는 곳에 희망과 기쁨이 싹튼다. 유머 속엔 슬픔을 미소로, 절망을 소망으로, 분노를 사랑으로 바꾸는 힘이 있다.

W. M. 대커리는 "훌륭한 유머는 사람이 사회에서 입을 수 있는 가장 훌륭한 옷"이라 하였고, 프랑스의 작가 빅토르 위고는 "인생이 엄숙하면 엄숙할수록 그만큼 유머가 필요하다"고 하였다. 사회가 복잡해지고 기계화되는 과정에서 이전보다 더욱 유머가 요구되고 있다. 유머를 통해서 경직된 사회에 대화의 물꼬를 틀 수 있고, 인간 상호간의 막힌 담을 허물 수 있다.

유머는 즉흥적인 임기응변보다는 오랜 경험과 해박한 식견에서 나온 것일수록 상대방의 영혼을 맑게 하고 기분을 상쾌하게 만든다. 토마스 카알라일은 "참된 유머는 머리에서 나오기보다는 마음에서 나온다. 그것은 웃음에서 나오는 것이 아니라 그보다 훨씬 깊숙이 깃들어 있는 조용한 미소에서 나온다"고 하였다. 유머가 우리에게 주는 웃음은 입으로만 웃을 수 있는 것이 아니라 가슴에서부터 온몸으로 번져 영혼에 작은 날개를 달아주는 웃음이어야 한다. 성경은 "마음의 즐거움은 얼굴을 빛나게 한다"(잠 15:13)고 하였다. 유머에서 얻는 즐거움은 일시

"훌륭한 유머는 사람이 사회에서 입을 수 있는 가장 훌륭한 옷이다"
W. M. 대커리

적 유희가 아니라 생활 속에서 오래도록 기억되는 즐거움이다.

진정한 유머를 경험하는 것은 사막에서 오아시스를 만나는 것처럼 반가운 일이며, 정신의 건강을 살찌게 하고 육신의 건강을 호전시킨다. 유머가 살아 움직이는 새로운 사회풍토를 만들어 보자. 화를 내고 싶은 순간에도 유머 섞인 언변을 통해 인내와 관용의 덕을 실천하자. 공동체 생활 중에 절망스런 상황이 닥친다해도 다른 구성원들에게 유머를 통해 희망을 안겨 주도록 하자. 우리 사회에 유머가 마르지 않을 때 진정한 행복과 평화의 기틀이 마련될 것이다.

건강은 인생의 버팀목

건강은 인간의 생명을 유지케 하는 기본적 요소이다. 건강한 육체에서 건전한 정신이 싹트고 건강한 사람만이 진정한 행복과 보람을 느낄 수 있다. 아무리 명석한 두뇌를 가지고 있다 해도 건강을 잃으면 좋은 일을 할 수 없다.

건강을 잃으면 인생의 낙오자가 된다. "돈을 잃으면 인생의 작은 것을 잃고, 명예를 잃으면 인생의 큰 부분을 잃어버리며, 건강을 잃으면 인생의 전부를 잃어버린다"는 말이 있지 않은가? 그리스의 희극 작가 메난드로스는 "건강과 지성은 인생의 두 가지 복이다"라고 하였다. 건강이라는 복을 잃는다면 지성이라는 복도 함께 잃어버리게 된다는 사실을 깨달아야 한다. 건강을 소중히 여겨 스스로 지키고자 노력하는 사람에게만 건강은 하나님의 선물로서 주어지게 된다.

선천적으로 튼튼한 체력을 타고났다고 해도 건강의 가치를 인식하지 못하고 과음, 과로 등으로 자기의 몸을 학대하면 결국 건강을 잃고 만다. 약한 체질로 태어났다고 해도 절제하는 생활을 통해서 적당한 운동을 규칙적으로 진행해 나가면 건강을 유지할 수 있다.

'나' 자신은 건강을 이끌어 나가는 자기 몸의 운전사이다. 몸은 생을 다할 때까지 '나' 자신을 짊어지고 나아갈 운반도구임을 명심해야 한다. 건강을 잃은 자는 가고 싶은 곳이 있어도 갈 수 없고, 하고 싶은 일이 있어도 할 수 없다.

"건강과 지성은 인생의 두 가지 복이다"

메난드로스

　현대사회에서 의술은 나날이 발전하고 새로운 약품이 꾸준히 발명되고 있는데도 반비례적으로 환자수는 계속 늘어가고 있다. '나' 자신만 건강하면 그만이라는 생각은 모두의 건강을 해치는 결과를 가져온다. 다른 사람의 건강을 염려하는 새로운 윤리관을 확립해야 한다. 국민 모두가 공해가 심해지지 않도록 세심한 주의를 기울여야 하겠고, 휴지 하나라도 함부로 버리지 않는 공중위생에 유의해야 하겠다. 어느 곳을 가든지 신선한 공기를 호흡할 수 있고 맑은 물을 마실 수 있도록 환경을 조성하는 데 힘쓰면서, 자신의 건강을 지키려고 노력할 때 모든 사람에게 만복을 가져다 줄 건강의 선물이 허락될 것이다.

인생을 즐겁게 하는 여가를

여가는 열심히 일하는 자의 휴식이다. "게으른 자에게는 여가가 가장 적다"라는 J. 레이의 말처럼 여가는 열심히 일하는 사람에게만 찾아오는 시간이다. 게으른 자는 여가의 진정한 보람을 체험할 수 없다. 이러한 의미에서 벤자민 플랭클린도 "여가를 얻고자 하면 시간을 잘 사용하라"고 말한 바 있다.

여가는 직장과 일터에서 잠시 벗어나 자기의 진정한 모습을 바라보며 새로운 삶을 설계하는 시간이다. 여가는 몸과 정신을 쉬게 하는 휴식이나 잠과는 다르다. 여가를 일을 하지 않고 쉬기만 하는 시간으로 보는 것은 잘못된 생각이다. N. 하우가 "여가란 유용한 일을 하기 위한 시간이다"라고 하였듯이 여가는 생산적 휴식이며 내일을 위한 준비과정이다. 매일매일 자신의 일에 충실하면서 유익한 여가를 갖도록 해야 한다. "정신의 재산을 증진할 시간을 가지는 자가 진정한 여가를 즐긴다"라는 도로우의 말처럼 여가를 통해서 자신의 내면적인 성장을 도모할 수 있다.

그러므로 자기 자신의 발전은 여가를 선용하는 데 있다. 동양의 고전「채근담」에서도 "한가한 때에 헛되이 세월을 보내지 않으면 다음날 바쁜 일에 그 덕을 받아 누릴 수 있다"고 하였다. 여가를 선용하는 사람은 모든 일에 성공을 기약할 수 있다. W. G. 배넘이 "휴식과 성공은 친구"라고 말한 것처럼, 여가를 즐기는 가운데 최대한 의미 있는 일을

"여가란 유용한 일을 하기 위한 시간이다"

N. 하우

만들어 가야 한다. 아침과 저녁에 잠시나마 운동을 하는 것은 생명력을 재충전하는 일이며, 독서와 음악 감상 등은 정신에 활력소를 불어넣는 일이다. 주말을 이용한 등산이나 취미생활은 인생을 즐겁게 하고 목표를 향해 중단 없이 전진할 수 있는 힘을 공급해 준다.

여가를 활용하여 사회봉사와 자선활동을 하는 것도 자신의 인생을 풍요롭게 만드는 비결이다. 여가를 통해서 자신의 진정한 모습을 찾고 자신의 행동을 되돌아 볼 때, 오비디우스의 말처럼 "여가는 몸과 마음의 영양"이 된다. 여가를 지내는 동안 다른 사람과의 관계 속에서 자기 자신을 살펴보고 다른 사람을 위해 해야 할 일을 생각해 보는 것도 바람직하다. 인생의 보람은 자기 자신만을 통해서 얻을 수 있는 것이 아니라 사회의 인간관계를 통해서 얻을 수 있기 때문이다.

여가는 창조의 원천

여가란 정규과정, 정규시간이 아니다. 비록 급료를 지불받지 못하는 시간이지만 돈의 가치와 비교할 수 없는 정신적 가치를 생산하는 시간이다. 여가를 '한가한 시간', '버려도 좋은 시간'이라고 말하는 이들이 많다. 하지만 역사상 위대한 업적은 모두 여가시간에 이루어졌다는 사실을 상기할 필요가 있다.

근로는 의무적인 활동이지만 여가란 자유로운 활동이다. 여가를 선용하는 행위는 정규일과와 일상생활에서 얻은 심신의 피로를 풀어 주고 누적된 스트레스를 해소시켜 주는 기능을 한다. 피로를 풀어 주고 마음을 순화시켜 주는 여가의 기능에 대해 카네기는 다음과 같이 말하고 있다. "피로가 지속적으로 쌓이면 사람은 쉽게 늙는다. 피로는 대부분 육체적 노동으로 인하여 생기지만 정신적 요인에서 비롯하기도 한다. 좋은 기분으로 일을 할 때는 많은 노동에도 그다지 피로하지 않지만, 원하지 않는 일을 하거나 어려운 일에 묶여 있을 때는 짧은 시간에도 피로를 쉽게 느낀다. 초조, 고민, 불안 등의 심리 상태가 피로를 가중시킨다. 그러므로 피로를 덜 느끼려면 아무리 바쁜 일일지라도 초조하게 서둘지 말고 쉬운 일부터 천천히 시작해 나가는 것이 좋다."

여가는 외부에서 주어지는 시간이라기보다는 주체적으로 만들어 가는 시간이다. 시간을 할애하여 산과 들판으로 나가보자. 자연이 주는 신선한 공기를 마시며 마음의 여유를 가져보자. 특히 가을에는 가랑잎

> "피로를 덜 느끼려면 아무리 바쁜 일일지라도 초조하게
> 서둘지 말고 쉬운 일부터 천천히 시작해 나가는 것이 좋다."
>
> 카네기

    떨어지는 소리에 귀기울이며 산바람에 날리는 예쁜 단풍잎 하나를 주워 책갈피에 소중히 간직해 두자. 긴긴 겨울밤에 책을 읽다가 고운 얼굴을 내미는 그 단풍잎을 바라보며 그리운 친구의 얼굴을 생각해 보자. 우리의 마음이 이처럼 맑게 정화되어 평화를 누릴 때 하늘은 우리에게 창조적 영감을 내려주고 모든 일에 정진할 수 있는 열정을 허락해 준다. 마음의 여유는 곧 창조의 원천과도 같다.

    여가를 선용하는 것은 역사를 창조하는 것이요, 새벽을 깨우는 일이다. 삶의 차원을 좀더 높이는 일이다. 영감과 진리를 가슴에 지니고서 비전과 꿈을 키우는 일이다. "하나님이여 내 마음이 확정되었고 내 마음이 확정되었사오니 내가 노래하고 내가 찬송하리이다. 내 영광아 깰지어다 비파야, 수금아, 깰지어다 내가 새벽을 깨우리로다"(시 57:7~8). "마음이 확정되었다"는 것은 자신의 사명을 확고히 인식하고 그 사명을 수행할 의지를 굳건하게 다진다는 뜻이다. 하나님 앞에서 민족과 국가 앞에서 성취해야 할 역사적 사명을 소중히 여기는 것을 의미한다.

    사람의 영광은 재물과 명예와 권력에 있는 것이 아니라 사명을 깨닫는 데서 나타난다. 그러나 사명을 감당해 가는 과정은 정규시간보다는 여가의 시간에 이루어진다. 우리에게 인간의 참된 길을 가르쳐 준 주옥 같은 고전(古典)은 다른 사람의 지시에 의해 업무시간에 저술된 것이 아니라 현자(賢者)들이 자발적으로 마련한 여가시간에 저술된 금자탑

이다. 의미 있는 모든 일들이 정규과정에서 이루어지지 않았고 여가를 선용하여 이루어졌음을 기억하자. 영감과 비전이 여가의 시간 속에 생동하고 있다는 것을 잊지 말자.

휴식을 통해서 새 힘을

우주 만물은 휴식을 통해서 생명력을 저장한다. 휴식이란 기분을 전환하는 것으로 그치는 것이 아니라 내일의 보람된 일을 위해 에너지를 재창조하는 시간이다. 헤로도투스는 "만일 사람이 항상 심각하기만을 고집하고 자신에게 재미나 휴식을 조금도 허용하지 않는다면, 그는 알지 못하는 사이에 미치거나 불안해질 것이다"라고 말하였다. 할메니지 박사도 "휴식할 줄 모르는 사람은 일할 줄도 모르는 사람이다"라고 하였다. 이러한 견해들에서 알 수 있듯이, 인간은 더욱 발전할 수 있는 계기를 마련키 위해서라도 휴식을 누려야 한다.

적당한 휴식은 새로운 출발을 위한 원동력을 얻는 시간이다. 인간은 휴식을 통하여 정신과 육체가 조화와 균형을 이루도록 힘써야 한다. 그렇다면 휴식을 선용할 수 있는 길은 어디에 있는가? A. 프랑스는 "사람이 어떤 종류의 일에서 휴식을 취하려면 다른 종류의 일을 함으로써만 가능하다"고 하였다. 정신적인 노동을 하는 사람은 육체를 움직임으로써 긴장과 피로를 해소해야 하며, 육체적 노동을 하는 사람은 정서 생활을 통해서 긴장과 피로를 풀어야 할 것이다.

휴식은 시간이 남기 때문에 갖는 것이 아니라 바쁘고 피곤할수록 더욱 필요한 것이다. 우리의 삶에 휴식이 꼭 필요한 까닭은 무엇일까?

첫째, 휴식은 새 힘을 얻게 한다. 휴식의 전제는 성실한 노동이다. 포든은 "휴식의 참된 의미는 일하는 자의 것이다"라고 말하였다. 열심히 일한 자만이 휴식의 기쁨과 보람을 알 수 있다는 것이다. 세계보건기구의 보고서에 따르면 "사람은 놀고 있을 때 체력이 더 소모되고 일할 때는 일하는 만큼의 필요한 힘이 생긴다"고 하였다. 일할 때 열심히 일하고, 휴식할 수 있을 때 충분히 쉬어야 한다. 그래야만 더욱 능률적이고 생산적인 삶을 살 수 있다.

둘째, 휴식은 기분을 전환하는 기회이다. 도시의 오염된 공기에서 벗어나 깊은 산 속에서 시원한 바람을 마시며 계곡의 맑은 물에 손을 담그면 마음이 깨끗해지고 정신에 평안이 찾아온다. 복잡한 생각들을 접어두고 자연 속에서 휴식을 누릴 때 그 상쾌한 기분은 말로 표현할 수 없을 것이다.

셋째, 휴식은 일을 더 능률적으로 만든다. 쉬기만 하고 일을 하지 않을 때 파멸을 부르지만, 일만 하고 쉴 줄 모르는 것도 파멸을 가져올 것이다. 일과 휴식은 불가분의 관계를 이룬다. 원활한 휴식은 일을 하는 사람의 능력을 배가시킨다.

예수님도 제자들을 향해 '너희는 따로 한적한 곳에 와서 잠깐 쉬어라'(막 6:31)고 말씀하시며 자신도 가끔은 휴식을 취하셨다. 기사와 이적을 행하신 후에 휴식을 취하며 하나님과 대화를 나누신 것이다. 윌리암 바클레이는 저서 『그리스도인의 365일』에서 "휴식에 이르는 길은 하나님 안에서 쉬는 일이다"라고 강조한 바 있다. 적절한 휴식의 생활

> "사람이 어떤 종류의 일에서 휴식을 취하려면
> 다른 종류의 일을 함으로써만 가능하다"
>
> A. 프랑스

화는 영혼에 새 힘을 불어넣어 모든 일의 능률을 가장 높은 수준으로 끌어올린다.

잠은 활력의 원천

잠은 가장 깊은 휴식이다. 스페인의 대문호 세르반테스는 "내가 잠들고 있는 한 나에겐 공포도 근심도 없다"고 말하였다. 사람은 잠을 통해서 심신의 피로를 풀며 생명력을 부여받는다. 잠은 육체적 피로를 씻어줄 뿐 아니라 불안과 염려를 가라앉혀 주는 힘을 갖고 있다.

사람으로서 잠을 자지 않고 살아갈 수는 없다. 시간, 정도, 방법상의 차이는 있을지 모르나 모든 생물은 잠을 잔다. 잠 없이 생명을 유지할 수는 없다. 잠은 생활의 준비과정이며 생명력을 충전하는 시간이다.

성경에서도 "여호와께서 그 사랑하시는 자에게는 잠을 주시는도다"(시 127:2)라고 하였듯이 잠을 성스럽게 맞이하며 중요시하는 생활태도를 지녀야 한다. 잠은 인간에게 건강을 주고, 창조적 의지를 일깨워 준다. "잠을 개의치 않는 사람만이 잠을 잘 수 있다"는 시인 에머슨의 말처럼, 잠에 순응하여 생명의 에너지를 충전받도록 노력할 필요가 있다.

편안한 잠을 잔다는 것은 누구에게나 쉬운 일은 아니다. 다른 사람에게 반감과 증오를 품고 있는 자는 편안한 잠을 잘 수 없다. J. 에디슨은 "덕 있는 사람의 잠은 달다"고 하였다. 착한 일을 습관처럼 길들여 온 사람은 단잠을 잘 수 있다. 그의 마음이 늘 평화롭기 때문이다. 자신의 목표를 향해 열심히 정진하는 사람도 기분 좋게 잠을 잘 수 있다. 이러한 의미에서 J. 버넌은 "일하는 자의 잠은 달다"라고 하였다.

가장 좋은 수면 방법은 일찍 자고 일찍 일어나는 것이다. G. 허버트

> "여호와께서 그 사랑하시는 자에게는 잠을 주시는도다"
>
> 시편 127:2

는 "밤 12시 이전의 1시간 수면은 12시 이후의 3시간 수면과 동일하다"고 하였다. 일찍 자리에 누워 깊은 잠에 들고 일찍 일어나서 상쾌한 아침을 맞이하는 것이 건강의 비결이자 창조적 일의 열매를 맺을 수 있는 최선의 방법이다.

건전한 식사로 생명의 자양분을

기름이 있어야만 자동차가 움직일 수 있듯이 영양분이 있어야 생명 유지와 활동이 가능하다. 우리는 식사를 통해서 자연의 에너지를 체내의 에너지로 바꿀 수 있다. 식사는 생명이 살아 있는 한 계속되어야 할 생활의 일부이다.

식사는 삶에 활력을 주고 생활 자체를 행복하게 하는 주기적 작용이다. 그러므로 식사시간을 귀하게 여길 줄 알아야 한다. 음식물을 먹을 수 있도록 기회를 허락한 자연과 하나님께 감사해야 한다.

많은 사람들이 식사시간을 불안의 온상으로 만드는 경우를 볼 수 있다. 가족과 함께 식사를 하면서 큰 소리로 다투거나 걱정을 안겨 주는 사람들이 많다. 셰익스피어는 "불안한 식사는 소화를 망친다"라고 하였다. 즐거운 분위기 속에서 먹는 음식은 생명의 활력소가 되고, 화를 내며 먹는 음식은 투쟁의 자극제가 될 뿐이다.

로마 시대의 대웅변가 키케로는 "먹기 위해 살지 말고 살기 위해서 먹으라"고 했다. 식사 자체를 목적으로 삼고 더 좋은 음식을 더 많이 먹으려고 하는 것은 물질을 낭비할 뿐 아니라 생명을 단축시키는 행위이다.

성경에서는 "술 취하고 탐식하는 자는 가난하여질 것"(잠 23:21)이라 경고하였다. 벤자민 프랭클린도 "둔하도록 먹지 말고 취하도록 마시지 말라"는 말과 함께 "오래 살려면 식사를 줄이라"고 권고한 바 있다. 생명 유지에 필요한 만큼 적절한 음식을 섭취하는 것이 건강 면에

> "둔하도록 먹지 말고 취하도록 마시지 말라"
> 벤자민 프랭클린

서나 활동 면에서나 좋다는 것을 시사해 준다.

사랑하는 사람이 만든 사랑의 음식을 즐거운 기분으로 먹도록 하자. 음식을 가리지 않고 잘 먹는 습관을 들이도록 하자. 건전한 식사는 건전한 생활을 보장할 것이며 명랑한 사회를 약속할 것이다.

건전한 욕망은 발전의 원동력

현재의 위치에서 좀더 나은 상태로 나아가려는 심리상태를 욕망이라 한다. 욕망은 인간의 가치를 높이고 사회를 발전시키는 원동력으로서 작용하기도 하지만 지나칠 경우 자기 파멸, 사회 파괴의 요인으로 작용하기도 한다. 키케로는 "욕망이 이성에 복종토록 하라"고 말함으로써 과도한 욕망을 경계하고 절제할 것을 충고한 바 있다. 그러나 삶의 질을 향상시키려는 욕망이 없었다면 인류의 주거공간은 원시적인 토담집에서 더 이상의 발전을 기대할 수 없었을 것이며, 좀더 편리한 생활을 누리려는 욕망이 없었다면 오늘날 과학기술의 혜택을 누릴 수도 없었을 것이다.

괴테가 "욕망은 위대한 행위로 향하는 정신의 날개"라고 하였듯이, 인간의 욕망은 문명의 발전을 낳은 원동력이 되었다고 할 수 있다. 영국의 철학자 존 로크는 "욕망이 없는 곳에서는 근면이 없다"고 하여, 욕망이 없으면 어떤 발전도 기대할 수 없음을 시사하였다. 따라서 건전한 욕망은 행복의 조건이며 인류사회를 발전시키는 원동력이 된다는 것을 알 수 있다.

그러나 칼을 잘못 사용하면 사람의 목숨을 앗아가듯이, 과도한 욕망을 충족코자 할 때에 주변의 사람들에게 적지 않은 피해를 주기도 한다. 영국 속담에 "욕망은 스스로의 무덤을 판다"는 말이 있다. 욕망은 또 다른 욕망을 불러일으키며 욕망의 자기 증식은 독소로 변질된다. 그

"욕망이 없는 곳에서는 근면이 없다"
존 로크

러므로 욕망을 갖되, 공익과 공영을 위해서 개인의 욕망을 적절히 자제할 수 있는 인격을 길러야 한다. 이러한 의미에서 아리스토텔레스는 "재산의 수준을 높이기보다는 욕망의 수준을 낮추도록 힘쓰는 편이 오히려 낫다"고 하였으며, T. 윌슨은 "욕망이 적을수록 평화는 많아진다"고 하였다. 과도한 욕망, 남에게 해를 줄 수 있는 욕망은 버려야 한다.

 욕망을 선용하는 길은 자기 발전과 동시에 인류사회의 발전에 기여하고자 하는 것이다. 감각기관을 즐겁게 하는 욕망을 지양하고, 목적이 수단을 정당화하는 욕망도 멀리하며, 인간의 정신문화에 기여할 수 있는 욕망을 실현해 나가야 한다.

희망이 없으면 미래도 없다

　희망이 있는 곳에 종교가 있게 마련이다. 희망은 삶의 개선을 의도하는 메시지를 인간의 영혼 깊은 곳에 전하는 행위이다. 희망의 메시지는 슬픈 상황에 처한 인간에게 보내는 일종의 구원신호(SOS)이다. 그 신호는 인간의 내부에서 자발적으로 울려나오기도 하고 외부에서 전달되기도 한다.
　만약 우리가 질병에 시달리고 있다면 우리의 마음에 건강을 회복하고 싶어하는 바람이 생겨난다. 만약 우리가 절망 가운데 있다면 행복한 날을 희망하면서 살게 될 것이다. 노예생활을 하고 있다면 자유를 갈망하게 되고 포로로 잡혀 있다면 석방되기를 바라게 될 것이다.
　미국의 한 소년이 열세 살 때 무릎을 다쳐 다리를 절단해야 할 상황에 처하였다. 그러나 그의 가족들은 절단을 포기하고 하나님께 다리를 치유해 주실 것을 간절히 기도하였다. 의사의 말에 따르면 기적이 일어나지 않는 한, 소년은 불구를 면할 수 없다고 했다. 그러나 3주일 후 소년은 당당히 걷게 되었다. 이 소년이 바로 미국의 34대 대통령 아이젠하워이다. 소년을 불구의 몸에서 자유롭게 해준 손길은 곧 희망이었다.
　이처럼 희망은 불가능을 가능케 하고 죽음을 삶으로 바꿀 수 있는 힘을 갖고 있다. 성경은 "희망으로 기뻐하며 환난을 꾸준히 참으며 끊임없이 기도하라"(롬 12:12)고 권면하고 있다. 희망을 품는다는 것은 무엇일까? 그것은 새로운 삶과 갱생을 향해 온 마음과 정성을 쏟는 태

"희망으로 기뻐하며 환난을 꾸준히 참으며 끊임없이 기도하라"
로마서 12:12

도이다. 아무런 의지나 노력 없이 미래의 열매가 맺히기만을 막연하게 기다리는 것은 희망이 아니라 망상이다. 희망은 진취적이고 창조적인 정신을 가진 사람을 생존케 하는 능력이다.

하늘의 저울 위에 나의 양심을

선행은 또 다른 선행을 낳는다

　선행은 다른 사람에게 기쁨을 주고 도움을 주는 행위이다. 선행을 바탕으로 해서 화목한 인간관계가 형성되며 복지기반이 형성된다. 인생의 보람은 자기만을 위한 이기적 태도나 행위에서 오는 것이 아니다. 나의 행위를 통해 다른 사람에게 기쁨과 평안과 사랑을 줄 때 인생의 진정한 보람이 있다. 『명상록』의 저자 마르크스 아우렐리우스는 "남에게 선한 일을 꾸준히 한다는 것은 생활을 즐기는 길"이라고 하였다.
　선행은 자발적 의지에 따라 이루어져야 한다. 선행은 큰 것 작은 것을 가려서는 안 되며, 다른 사람의 이목을 의식해서도 안 된다. 선행을 할 필요가 있을 때는 주저함이 없어야 한다.
　흔히 우리는 "나 같은 사람이 어떻게 좋은 일을 할 수 있을까?" 하고 망설인다. 그러나 마음만 먹으면 할 수 있는 일들이 얼마든지 있다. 비록 조그마한 일일지라도 다른 사람을 위해 정성을 들이기 시작하면 그 다음에는 선을 행하기가 더욱 쉬워진다.
　성인군자가 아닌 이상 날마다 그리고 모든 일에 선을 행할 수는 없다. 그러나 하루 24시간 중에 어느 한 가지라도 다른 사람을 즐겁게 하고 유익하게 하는 일을 해 보자고 결심하여 노력한다면 전혀 불가능한 것도 아니다. 우리가 속해 있는 공동체에 유익을 주려면 선의 씨앗을 심어야 한다. 우리 주변에는 인간의 선한 손길을 기다리는 곳이 산적해 있다.

"남에게 선한 일을 꾸준히 한다는 것은 생활을 즐기는 길이다"
마르크스 아우렐리우스

　선행은 결코 다른 사람만을 이롭게 하는 것이 아니라 선을 행하는 자의 마음에 더 큰 선행을 할 수 있는 의지를 키워 준다. 로마의 철학자 세네카는 "남에게 선을 베푸는 자는 자기 자신에 대해서도 선을 베푸는 자"라고 하였다. 선행은 또 다른 선행을 낳고 사회를 아름답고 풍요롭게 하는 촉매기능을 한다.
　그러나 선행을 다른 사람에게 알리는 것은 더 이상 선행이 아니다. 선을 행하는 자의 입으로 직접 공로를 내세우는 순간 신의 빛은 사라지고 만다. 존슨은 "선을 행하고 나서 선을 행하였다고 자랑하면 그것은 선이 못되며 악을 행하고 나서 악을 행한 것을 부끄러워하고 고치면 악도 악이 아니다"라고 하였다. 착한 자는 착한 행위를 하고도 이를 내세우지 않는다. 오만한 생각을 버리고 묵묵히 선행을 실천하는 것을 인간의 당연한 도리라고 생각해야 한다.
　선한 일을 한다는 것은 어렵고 힘든 일이지만 인격의 성숙을 향해 나아가는 첩경임을 깨달아야 한다. 잠언 14장 22절에서는 "선을 도모하는 자에게는 인자와 진리가 있으리라"고 하였다. 비록 작은 선일지라도 할 수 있는 모든 선을 행하라. 선행을 하는 자는 하나님의 빛을 마음속에 지닌 자로서 영원한 행복을 누리게 될 것이다.

평안은 덕행에서

덕행은 인격적 힘을 키워 남에게 도움을 주는 행위이다. 어려운 처지에 있는 자를 도와주고, 용기를 잃은 자에게 희망을 주며, 방황하는 자를 새로운 길로 인도하는 것이다.

덕행을 쌓는 일은 인생을 더욱 가치 있고 아름답게 하는 수양과정이다. 덕행보다 더 큰 저축은 없다. 플루타르쿠스는 "덕행은 세상에서 가장 기쁨을 주는 가치 있는 재산이다"라고 하였다. 아름다운 육체는 바람에 지는 낙엽처럼 무상하게 사라져 가지만, 아름다운 덕행은 영원토록 하나님의 가슴에 새겨진다.

강태공은 "착한 것을 보거든 목마를 때 물 본 듯이 하고, 악한 것을 듣거든 귀머거리같이 하라. 그리고 착한 일에는 모름지기 탐을 내고, 악한 일에는 모름지기 즐겨하지 말라"고 하였다. 아무리 높이 평가할 수 있는 덕행일지라도 이를 실천하지 않으면 의미가 없음을 뜻하는 것이다.

덕행은 소유로서 가치가 있는 것이 아니라 그것을 구체화하고, 실천할 때 보석처럼 빛난다. 그러므로 서경에서는 "덕을 행하고 있으면 언제나 즐거운 나날을 편안하게 보낼 수 있으나, 반대로 거짓 행동하면 마음엔 근심이 떠나지 않고 매일매일 일이 잘 되지 않는다"고 하였다. 아무리 훌륭한 지식과 경험을 가지고 있다 하더라도 덕행을 멀리한다면 무용지물이 되고 만다. 가까운 주변에서부터 도움을 줄 수 있는 일

> "덕행은 세상에서 가장 기쁨을 주는 가치 있는 재산이다"
> 플루타르쿠스

이 무엇인가를 찾아보고, 작은 일부터 실천에 옮겨 보자.

인생의 즐거움은 육신의 쾌락과 유희에 있는 것이 아니라 남을 생각하고, 사회를 생각하며 착한 것을 행하려는 태도에서 싹트게 된다. 성경은 말씀하기를 "우리 각 사람이 이웃을 기쁘게 하되 선을 이루고 덕을 세우도록 할지니라"(롬 15:2)고 하였다. 덕행은 오랜 시간의 노력을 통해서 쌓아지는 것이며, 작은 덕행이 쌓이고 쌓여 사회전체의 윤리의식으로 발전한다.

책 속에서 지혜와 교훈을 얻고, 선한 벗과 대화를 나누며, 위인의 가르침을 따라 실천할 때 덕행은 자연스럽게 사회에 영향력을 끼치게 된다. 덕행을 권장하고 힘써 실천하여 상호 신뢰의 바탕 위에서 평화로운 사회를 가꾸어 나가자.

말은 쉬우나 행동은 어렵다

행위는 마음에서 반영되는 빛이다. "행동은 마음의 의복으로 여겨진다"는 프랜시스 베이컨의 말처럼, 마음이 평온하면 온화한 행위가 나타나며 마음이 욕망과 시기로 가득 차면 정도에서 벗어난 행위가 나타난다. 러스킨은 "그대의 행위는 남이 평가해 준다. 그대는 다만 마음을 깨끗이 하고 올바르게 가지도록 하라"고 권고한 바 있다. 행실의 근본이 마음에 있음을 뜻하는 발언이다.

올바른 삶을 살아가려면 마음의 양식을 넓히는 노력이 있어야 한다. 훌륭한 책을 많이 읽고 사색하지 않으면 선한 행위를 실천할 수 없다. "위대한 행동은 위대한 정신을 말해 준다"는 J. 플래처의 말처럼, 지속적인 지적 탐구와 사색이 훌륭한 행위를 낳는다.

말은 쉬우나 행동은 어렵다. 행동에는 계획이 따라야 한다. 충분한 사고와 판단을 바탕으로 지속적으로 실천해야 한다. T. H. 헉슬리는 "인생의 위대한 목표는 지식이 아니라 행동이다"라고 하였다. 우리 주변에서 해야 할 일이 무엇인지를 찾아보자. 작은 일이라 경시하지 말며, 큰 일이라 두려워하지도 말자. 그것이 나를 위하고 인류를 위하는 일이라면 용기를 가지고 준행해야 한다.

불의의 행동이 뿌리내리지 못하고 선행과 미덕이 숭상되는 사회풍토를 조성해야 한다. 성경에서도 "영혼 없는 몸이 죽은 것같이 행함이 없는 믿음은 죽은 것이니라"(약 2:26)고 하였다. 인류 모두가 이타적인

> "위대한 행동은 위대한 정신을 말해 준다"
>
> J. 플레처

생각을 봉사와 기여의 행동으로 승화시킬 때 인류가 지향하는 평화로운 이상사회에 한 걸음 더 다가서게 될 것이다.

양심의 소리에 따라 행할 때

양심이란 자신의 마음속에서 울려나오는 하늘의 소리이다. 양심은 우리로 하여금 선과 악을 분별케 하고, 올바른 길과 어긋난 길을 가려서 걸어가게 한다. 따라서 양심은 그 어떠한 법률이나 제도보다 우선한다. 그것은 자신의 일을 떳떳하게 추진할 수 있게 하며 업무를 공명정대하게 수행할 수 있게 하고 나아가 역사에 길이 남을 영광스러운 업적을 이룰 수 있게 한다.

양심은 항상 마음의 문을 두드린다. 그것은 인간적인 명령이 아니고 신의 명령이기 때문에 세익스피어는 "훔치려고 하면 꾸짖고 중상하려고 하면 야단하기도 한다"고 말한 바 있다. 누구든지 양심의 소리에 따라 행할 때 기쁨과 행복을 찾을 수 있다. 그러기에 시인 A. E. 하우스먼은 양심의 고귀한 가치를 강변하여 "왕관과 재화는 넘겨줄지라도 양심은 버리지 말라"고 하였다.

아침에 일어나 양심의 소리가 명하는 대로 하루를 성실하게 살 것을 다짐해야 한다. 밤에는 잠자리에 들기 전에 그날의 삶을 반성해 보면서 혹시나 양심의 가책이 되는 일이 없었는지를 진지하게 살펴보는 것이 가장 인간다운 삶이다.

J. 릴리는 "맑은 양심은 변명이 필요 없다"고 하였다. 양심은 인간이 참된 자아를 발견하고 그 자아의 지시에 따라 행동을 취하게 하는 원동력이다. 그러므로 누구나 고의로 양심을 위배한다는 것은 자기 자신을

"맑은 양심은 변명이 필요 없다"
J. 릴리

파멸시키려고 결심하는 것과 같다. 사람이 자신의 양심에 따라 결정하고 양심의 요구에 응답하는 것은 다른 동물과 구별되는 인간의 고유한 속성이다. 양심의 목소리에 귀기울이는 것은 인간을 하나님께 좀더 가까이 다가서게 만드는 길이다.

"믿음과 착한 양심을 가지라"(딤전 1:19)는 성경의 권면을 존중하면서 우리 인간은 매일같이 양심이 명하는 바에 따라 살아야 한다. 가장 아름다운 인간사회는 양심이 살아있는 사회일 것이다.

이기심은 불행의 근본

카알 힐티는 "무릇 내면적인 불만은 사람의 감성에서나 또는 이기심에서 생겨나는 것이다"라고 하였다. 이기심이 있는 한 양보와 타협이 이루어지기 어렵다. 이기심은 겉보기엔 이익을 낳을 것 같으나 결국 손해를 가져온다. 성경말씀에서도 이를 경고하여 "욕심이 잉태한즉 죄를 낳고 죄가 장성한즉 사망을 낳느니라"(약 1:15)고 하였다. 이기적 욕망은 일시적으로는 인간을 잘살게 하는 것 같으나 종국엔 인간을 죽음과 파멸의 나락으로 몰고 간다.

사람이 일시의 사리사욕에 얽매이게 되면 패가망신의 지름길로 들어서게 됨을 우리는 숱한 독재자들과 독점 자본가들의 말로를 통해 확인할 수 있다. 차우세스쿠, 마르코스 등, 국민의 행복엔 아무런 관심도 없이 이기적 욕심에 이끌려 오로지 자신의 권력과 재산만을 쌓아올리는데 여념이 없었던 정치가들은 결국 비참하게 인생을 마감하였다.

카알라일은 이를 경고하여 "이기심은 과실과 불행의 근본"이라고 하였다. 이기적 욕심은 자신의 양심을 배반하게 되며, 교만을 부추기고 불의와 불법을 미화하도록 이끌어간다. 악한 일을 합리화하는 것은 모두 이기적 욕심 때문이다. 이기적 욕심에 눈먼 사람은 다른 사람의 인권을 짓밟고 생명을 빼앗는 일조차 서슴지 않는다. 그러므로 권력을 드높이는 것이 중요한 것이 아니라 누구를 위해 그 권력을 사용하느냐가 더욱 중요한 것이다. 물질을 많이 소유하는 것이 중요한 것이 아니라

> "이기심은 과실과 불행의 근본이다"
> 카알라일

  물질을 어떤 방법으로 소유하여 어떤 곳에 사용하느냐가 더욱 중요한 것이다. 플루타아크는 "진정한 의미에서 부자가 되고자 하면 가진 것이 많기를 힘쓸 것이 아니라 욕심을 줄이기에 힘쓰라. 사람이란 욕심을 억제하지 않으면 언제까지라도 부족과 불만을 면할 수 없다"고 하였다.
  우리는 자기수양에 정진하여 욕심을 자제하지 않으면 안 된다. 욕심을 버릴 때 진정한 나를 발견하게 되고 모든 사람에게 부끄럽지 않은 생활, 명예로운 삶을 살게 될 것이다. 명심보감에는 "남을 해치고 저만을 이롭게 하면 마침내 출세하는 자손이 없을 것이요, 뭇 사람을 해쳐서 성가(成家)한다면 어찌 그 부귀가 오래 가겠는가"라고 하였다. 명예와 권력과 물질은 개인의 소유물이 아니라 하늘 아래 모든 피조물들을 섬기기 위한 도구임을 자각하여, 청지기 정신으로 이기적 욕심을 복종시키는 삶을 살아가도록 하자.

청렴결백은 불의와 타협하지 않는 태도

　인간의 두려움은 여러 가지 면에서 있을 수 있다. 경제적 파산, 교통사고, 천재지변으로 인한 피해 등이 두려운 일로서 우리의 삶을 위협한다. 그러나 이러한 두려움은 사전에 대비함으로써 능히 이겨낼 수 있다. 가장 피할 수 없는 두려움이란 심리적 불안이다. 남 앞에 떳떳하지 아니하고 정당하게 일을 처리하지 아니하며 불의와 타협할 때 불안은 고조되고 두려움이 가중된다.
　청렴결백이란 이러한 두려움을 전혀 느낄 수 없는 마음가짐이다. 자기의 소임을 알고 본분에서 벗어나지 아니하며, 현재의 이익보다는 미래의 가치를 추구하고, 나 자신의 영리보다는 공익과 대의를 중시하는 태도이다. 청렴결백한 사람은 항상 태도가 정중하고 흐트러지지 아니하며 떳떳하고 당당하다. 그러므로 존슨은 "누구의 눈도 두려워하지 않고, 누구의 혀도 의심하지 않는 것은 결백함의 가장 큰 특권이다"라고 하였다. 청렴결백한 사람은 어떠한 유혹에도 넘어가지 아니하며 소신껏 일을 추진한다. 일시적으로는 손해를 보더라도 결과적으로는 많은 사람에게 인정과 존경을 받게 된다. 청렴결백이야말로 현대인에게 요구되는 가장 중요한 윤리의식이라 하겠다.
　청렴결백한 인물이 점점 사라져가고 있다. '청렴결백'이란 말 자체가 구시대의 산물로 전락하고 있다. 그러나 현시대의 갱생을 위해 이보다 더 중요한 것은 없다. 공직자는 국민 위에 군림하는 사람이 아니라 국

> "마음이 청결한 자는 복이 있나니 저희가 하나님을 볼 것임이요"
> 마태복음 5:8

민을 위해 봉사하는 사람이다. 그는 국가의 발전에 필요한 정책을 집행할 의무를 지니고 있다. 따라서 공직자가 봉건시대의 귀족과 양반처럼 거만한 태도를 취하거나 국민에게 노력의 대가를 요구한다면 이는 망국으로 가는 지름길이다. 공직자는 청렴결백을 목숨보다 더 소중히 여겨야 한다. 국민의 행복과 국가의 장래는 그의 행동 여하에 달려 있기 때문이다.

공직자뿐만 아니라 모든 사람들이 자신의 직업을 천직으로 알고 봉사와 기여의 정신으로 맡은 바 임무에 충실해야 할 것이다. J. 메이슨은 "사람은 돈지갑은 가난해도, 정신적으로는 긍지를 가질 수 있다"고 하였고, 성경도 "마음이 청결한 자는 복이 있나니 저희가 하나님을 볼 것임이요"(마 5:8)라고 하였다. '나'부터 청렴결백해야 한다는 신념을 가지고 국민 모두가 이를 실천해야 할 것이다.

도덕지수를 높이자

　그리스의 철학자 소크라테스는 아테네 청년들에게 정의·용기·절제·경건을 가르쳤다. 그는 사람이 산다는 것 자체에 의미가 있는 것이 아니라 올바르게 사는 것이 중요하다는 점을 강조하였다. 소크라테스가 사형집행을 당하던 날, 친구인 크리톤이 찾아와서 그를 탈출시키려고 했으나 그는 준법정신에 따라 독배를 마시기로 하였다. 그러면서 크리톤에게 말하기를, "친구여! 내가 아스클레파오스에게 닭 한 마리를 빚진 것이 있으니 자네가 그것을 좀 갚아 주게나" 하고 부탁하였다.
　우리는 도덕성의 총체적 위기를 맞고 있다. 한 나라의 멸망은 물질적 결핍에서 오는 것이 아니라 도덕적 타락에서 온다는 사실을 잊어서는 안 될 것이다. 나라를 살리기 위해서는 우리 사회에 깊숙이 박혀 있는 병든 양심의 뿌리를 뽑아내야 한다. 지도층은 지도층대로, 국민은 국민대로, 모두가 도덕적인 인간으로 다시 태어나야 한다. 총체적 위기를 극복할 수 있는 길은 도덕성을 회복하고 사회질서를 이룩하는 것이다.
　그렇다면 어떻게 도덕성을 살릴 수 있는가? 우선 '도덕지수'를 높여야 한다. 하버드대학 정신의학과 교수인 로버트 콜은 자신의 저서 『어린이의 도덕지능』에서 "도덕지수란 친절과 남을 배려하는 마음"이라고 정의하였다. 이와 같은 도덕지수는 특정한 규칙을 암기하거나 조직사회에서의 토론 등으로 얻어지는 것이 아니다. 도덕적 생활은 공동사회 안에서 타인에게 유익을 주고 마치 '나'를 위하듯 타인을 위하는 생

> "도덕지수란 친절과 남을 배려하는 마음이다"
> 로버트 콜

활이다.

우리 사회는 공부를 잘하는 천재들에 대해서는 관심이 많지만 "도덕성이 뛰어난 천재"에게는 그다지 관심을 보이지 않는다. 우리 나라는 예부터 동방예의지국·선인지국(善人之國)·인인지국(仁人之國)이라 하였으니, 예전의 빛나는 명예를 되찾기 위해서라도 도덕적 지도자의 출현에 희망을 버리지 말아야 한다. 국민 모두가 종이 한 장, 물 한 방울이라도 아껴 쓰고, 정의감과 예의범절에 민감해져야 할 것이다. "악법도 법이다"라고 외치며 나라의 법 앞에 복종한 소크라테스의 정신을 거울 삼아 국법의 존엄성을 상기하고, 공평무사한 생활태도를 길러야 한다.

21세기엔 도덕적 천재가 꼭 필요하다. 국내외적으로 다양한 문제가 산적해 있기 때문에, 높은 '도덕지수'를 갖춘 정치인·경제인·교육자가 어느 때보다 더욱 절실히 필요하다. 누가 21세기를 깨울 것인가? 누가 나라를 살리고 세계의 질서를 바로 잡을 것인가? 도덕지수가 높은 사람들만이 이 무거운 짐을 어깨에 매고 국가와 세계를 복락의 동산으로 안내할 수 있을 것이다.

윤리는 삶의 표준

　윤리는 사회적 관계 속에서 인간으로 마땅히 지켜야 할 행동준칙이다. 윤리는 가려진 습성이며 다듬어진 계율이다. 윤리를 지킬 때 그 사회의 질서를 형성하며 원만한 인간관계를 성립시킬 수 있다. 협동과 복지도 공동체의 윤리의식을 바탕으로 이루어질 수 있다. 윤리의 기틀이 든든한 곳에서 시기와 분쟁이 있을 수 없고, 부조리와 퇴폐가 싹틀 수 없다.

　규칙과 법률은 윤리의 실천덕목을 당대의 사회적 신념 또는 이념에 입각하여 구체화한 것이다. 윤리에 바탕을 두지 않은 법률이나 제도는 불합리한 것이다. 모든 문화도 윤리를 바탕으로 이무어진 결과물이다. 그러므로 앨버트 슈바이처는 "윤리가 없는 문화는 망한다"고 말함으로써 윤리가 인간의 삶을 움직이는 정신적 동력임을 나타내고 있다.

　윤리를 기저로 하는 생활, 윤리에 뿌리를 둔 문화를 건설해야 한다. 윤리의 본질은 H. 스펜서의 말처럼 "남에게 고통을 주지 않도록 행위를 조절하는 것"이며, 선의·협동·봉사를 기초로 하는 사회적 질서이다. 웃어른을 공경하고 서로 양보하며, 상대방을 아껴 주고 사랑하는 선의의 생활이 윤리의 기본이다. 독선과 아집을 버리고 다른 사람과 융화하며 협력을 유지하는 것이 윤리의 지침이다. 자기의 정신적·육체적·물질적 능력을 다른 사람이나 사회에 투입함으로써 공동체의 발전을 돕는 것이 윤리의 이상(理想)이다.

> "윤리가 없는 문화는 망한다"
> 앨버트 슈바이처

   성경은 "각 사람이 이웃을 기쁘게 하되 선을 이루고 덕을 세우도록 할지니라"(롬 15:2) 하는 윤리의 이상을 제시하고 있다. 이러한 선의, 협동, 봉사의 생활이 지속적으로 추진되어 나아갈 때 복지사회는 정착될 수 있다. 윤리가 무시되면 사회의 질서가 파괴되고 복지의 열매는 시들게 된다. 윤리를 삶의 표준으로 삼는 사회를 건설해야 할 것이다.

원칙은 윤리에 부합해야

　동물에게는 동물로서 살아갈 생존법칙이 존재하며 인간에게는 인간으로서 지켜야 할 원칙이 있다.
　"바른 길로 행하는 자는 걸음이 평안하다"(잠 10:9)는 성경말씀에서 알 수 있듯이, 원칙이란 인간이 마땅히 지켜야 할 도리이며 행위의 기준이다. 원칙을 무시할 때 질서가 문란해지고 추구하는 목표 달성이 어려워진다. W. 해즐릿은 "원칙은 진리로 나아가고자 하는 정열이다"라고 하였다. 한 인간이 살아가는 데도 지켜야 할 원칙이 있고 어떤 일을 추진할 때도 지켜야 할 원리가 있다.
　원리는 목표달성을 위한 합리적 기준을 마련하는 것이어야 하며 인간사회를 아름답고 풍요롭게 만드는 동기를 제공할 수 있어야 한다. 사회에는 사회구성원 모두가 지켜야 할 원칙이 있어야 한다. 에이브러햄 링컨은 "중요한 원칙은 확고하기도 하며 확고해야 한다"고 하였다. 훌륭한 원칙을 마련하고 그 원칙을 확고히 지킬 때 사회는 건전하게 발전할 수 있다.
　원칙은 다수의 의견을 바탕으로 정립되기보다는 상위층에 있는 소수에 의해서 또는 어느 일방의 계층이나 집단에 의해서 편파적으로 형성되는 경우가 많다. 이를 경계하여 쿠인틸리아누스는 "규칙과 지침은 자연스럽게 수용되지 않으면 무가치하다"라고 하였다. 원칙은 윤리에 부합해야 하고 상식을 저버리지 않아야 하며, 인간화를 도모하는 방향

> "원칙은 진리로 나아가고자 하는 정열이다"
> W. 해즐릿

에서 합리적으로 만들어져야 한다. F. 라살데는 "거짓되고 유혹적인 형태로 나아가는 원칙보다 더 위험한 것은 없다"고 하여, 원칙엔 공명정대함과 인간 존중의 성격이 내포되어야 함을 강조한 바 있다.

원칙은 미풍양속에 어긋남이 없어야 하고 형평성을 갖추어야 한다. 또한 사회의 발전에 기여할 수 있는 정신적 기반을 제공해 주어야 한다. "약간의 예외를 허용치 않는 규칙은 일반적일 수 없다"는 R. 버튼의 말처럼 원칙은 예외가 존재할 수 있다는 가정에서 만들어져야 하고 달라지는 여건에 적응할 수 있는 유연성을 가져야 한다. 인간의 복리를 호전시키면서 동시에 공의를 뿌리내릴 수 있는 원칙을 정립해 보자. 만인의 뜻을 하나로 모은 원칙이 정해진다면 이것을 생활윤리로 정착시켜야 한다.

상식은 인간이 본래 갖고 있는 지혜

상식이란 인간 누구나 공통적인 판단과 인식이 가능한 지식이다. 일반적으로 법규를 위반할 때 처벌 대상이 되며 비난을 받게 된다. 그러나 상식은 법규처럼 명문화되어 있지 않지만 이를 어길 때 법규를 어길 때보다 더 큰 비난을 불러올 수 있다. 모든 법률과 제도의 기준은 상식에 기반을 둔다고 볼 수 있다.

상식은 대부분의 사람들이 알고 있거나 필연적으로 알아 두어야 할 기본지식이다. 에우리피데스는 "가장 훌륭한 예언은 상식, 곧 인간이 본래 갖고 있는 지혜이다"라고 하였다. 상식이란 인간이 마땅히 지켜야 할 도리이자 모든 인간행위의 지침이라는 것을 뜻한다.

상식이 통하고 상식이 지켜져야 한다는 것은 매우 당연한 일이라 하겠으나 실제에서는 쉬운 일이 아니다. 대화로 충분히 풀어나갈 수 있는 문제를 언쟁으로 몰고 가거나, 조금 양보하면 해결될 수 있는 문제를 이권다툼으로 확대시키는 행위들은 상식을 그르치는 데서 나타난 현상이다.

인간의 가치관과 상식은 구별되어야 한다. 한 사람의 처지에서 옳다고 생각하는 바가 반드시 상식과 통하는 것은 아니다. E. 하버드는 이를 두고 "논리와 상식은 다르다"고 말한 바 있다. 인간에겐 편견이 있을 수 있고 착각도 있을 수 있다. 그러므로 어느 특정인의 견해가 보편적인 상식으로 인정받으려면 남의 의사를 존중할 수 있어야 하며 평소

> "가장 훌륭한 예언은 상식, 곧 인간이 본래 갖고 있는 지혜이다"
> 에우리피데스

에 꾸준히 지혜와 지식을 쌓아야 한다. 성경에서도 "지혜가 너로 선한 자의 길로 행하게 하며 또 의인의 길을 지키게 하리니"(잠 2:20)라고 하였다.

물론 상식이 제도보다 우선할 수는 없다. 상식과 법이 상충할 때는 법에 따라야 한다. 그러나 법의 구속력이 상식의 구속력을 앞선다 할지라도, 부인할 수 없는 것은 모든 사람이 상식을 행위의 기준으로 삼고 살아갈 때 우리 사회는 좀더 살기 좋은 사회로 나아갈 수 있다는 사실이다.

질서는 하늘의 으뜸 가는 법률

　질서란 우주만물의 존재를 가능케 하는 원리이다. 생긴 형태가 다르고 움직이는 정도와 방향이 다르더라도 은하계의 별들과 지구상의 동식물은 자연법칙의 질서를 따르고 있다.
　질서는 순리를 따르는 것이며 본분을 지키는 것이다. 건물을 지을 때도 지반의 기초공사부터 튼튼히 한 다음에 단계적으로 쌓아 올려 완성시켜야 튼튼한 건물이 될 수 있다. 차례를 지키는 일, 순리에 역행하지 않는 행동이 사회질서의 출발이다.
　E. 버크는 "훌륭한 질서는 모든 훌륭한 것의 기초"라고 하였다. 시계의 부속품이 제 자리에 있지 않으면 시각을 표시할 수 없듯이, 질서가 문란해지면 사회의 기능은 정지하고 만다. 가정에는 가족이 지켜야 할 질서가 있고, 각 조직체마다 구성원들이 지켜야 할 질서가 있으며, 국제사회에서는 국가가 지켜야 할 질서가 있다. 과학자 아인슈타인은 "법과 질서에 우리의 안전이 달려 있다"고 하였다. 이처럼 질서가 지켜질 때 밝고 건전한 가정을 유지할 수 있을 것이며, 희망의 등불을 밝히는 공동체가 될 것이다.
　그러나 오늘날 질서에 대한 의식이 흐려져 가고 있으며, 질서가 파괴되는 현상을 흔히 볼 수 있다. 가정 파괴가 늘어가고 사회조직이 해체되며 단체간·국가간의 대립도 고조하고 있다. 인권과 공익을 무시하는 집단이기주의가 기승하기 때문이다. 질서를 회복하는 길만이 인류

> "훌륭한 질서는 모든 훌륭한 것의 기초다"
> E. 버크

사회를 재건하는 첩경이 될 것이다. "모든 것을 질서대로 하라"(고전 14:40)는 성경말씀과 같이 모든 사람들이 자신이 할 일이 무엇인지를 깨닫고 질서에 따라 행동하며 도리를 다할 때 아름다운 사회가 건설될 수 있을 것이다. 포오트는 "질서는 하늘의 으뜸가는 법률이다"라고 하였다. 질서를 지킨다는 것은 결국 하늘의 뜻을 따르는 것과 일치한다.

질서를 존중하며 자기에게 부여된 소임을 다할 때만이 살기 좋은 사회를 기대할 수 있다.

예의는 질서를 세우는 주춧돌

　예의는 인간사회의 질서를 세우는 주춧돌이며 사회의 대도(大道)를 밝히는 윤리와 도덕의 출발점이다. 한 인간은 예의를 배우면서부터 진정한 인간으로 성장한다. 예의가 무엇인지를 깨달을 때, 가정의 기둥이자 사회의 역군으로서 첫발을 내딛게 된다. 예의를 존중하지 않는 사회에서는 대립과 알력, 투쟁이 끊이지 않는다.
　공자는 "예의에 어긋난 것을 보지 말고, 예의에 어긋난 것을 듣지 말며, 예의에 어긋난 것은 말하지 말고, 예의에 어긋난 것은 행하지 말라"고 하였다. 밝은 표정으로 고운 말을 쓰면서 겸손하게 자기의 의무와 책임을 다하는 것이 예의의 말로이나. 다른 사람 앞에서 자기 자신을 낮춤이 없는 것은 교만이며, 스스로 자랑하는 것은 무례한 행동이다.
　성경에서도 "겸손한 자와 함께 하여 마음을 낮추는 것이 교만한 자와 함께 하여 탈취물을 나누는 것보다 나으니라"(잠 16:19)고 하였다. 자기 자신을 낮추지 않을 때에 인간사회에 대립과 갈등이 시작되며, 나보다 다른 사람을 먼저 높일 때에 인간사회에 질서와 평화가 깃든다. 상대방의 의견을 존중하고 '나'의 바람과 욕구를 한 걸음 양보한다면 갈등을 완화하여 원만한 대인관계를 유지할 수 있다.
　정중한 아침인사는 상대방에게 하루의 평안을 안겨 준다. '나'의 표정이 밝을 때 다른 사람의 마음에도 햇살이 비치고, 사회는 희망을 갖게 된다. '나'의 불쾌한 얼굴과 음성은 상대방의 얼굴에 부딪치는 순간

> "예의에 어긋난 것을 보지 말고, 예의에 어긋난 것을 듣지 말며,
> 예의에 어긋난 것을 말하지 말고, 예의에 어긋난 것을 행하지 말라"
>
> 공자

메아리로 변하여 '나'에게 되돌아올 것이다. 찌푸린 얼굴과 분노한 음성은 자신의 마음에 불행의 씨앗을 심는 행위이며, 사랑이 넘치는 자애로운 얼굴과 온화한 음성은 다른 사람과 행복을 나눌 수 있는 작은 천국이다.

작은 도움의 손길에도 고마움을 잊지 않을 때 예의는 싹튼다. 조그만 친절과 호의에도 보답하려는 마음을 갖는 것이 예의의 발로이다. 서로 이해하고 양보하며 도와주는 것을 당연히 여길 때 예의는 생활의 활력소가 된다.

다른 사람이 '나'에게 호의를 베풀기를 기다리기 전에 먼저 다른 사람의 처지를 살피고 호의를 베풀어야 한다. 덕행을 먼저 실천하는 것이 예의 바른 사람의 생활이다. 가족 대하기를 자신의 몸을 대하듯 하고, 다른 사람을 대하기를 가족 대하듯 하며, 이웃의 어른을 대하기를 부모 대하듯 해야 한다. 예의는 겸손히 낮아진 자리에서 다른 사람을 존중하는 미덕이다.

은혜를 아는 것은 인간의 아름다움

　은혜란 남에게 도움을 주는 것이다. 가난하고 불우한 사람뿐만 아니라 도움을 받을 만한 자격도 공로도 없는 사람에게까지 아무런 대가없이 주는 것이다. 이것은 하나님의 사랑과 같이 거룩한 것이다. 참된 은혜가 있는 곳에 기쁨, 즐거움, 화평이 넘친다. 그러나 사람으로 태어나서 남의 은혜를 모르고 지내는 경우가 많다. 일찍이 플라우투스는 "은혜를 받을 줄만 알고 그것을 보답할 줄 모르는 자는 가치 없는 사람이다"라고 단언하였다. 세월이 흐를수록 생활은 윤택해지고 점점 더 편리해지지만 은혜를 아는 자는 점점 줄어들고 있다.
　은혜를 망각하지 않고 사는 사람만이 참된 인격자라 할 수 있다. 소포클레스는 "은혜의 기억을 마음속에 간직해 두지 않는 자는 더 이상 고귀한 인간이 아니다"라고 하였다. 그렇다면 어떻게 살아야 은혜를 잊지 않고 살 수 있을까?
　첫째로 은혜를 고마워하는 마음을 갖는 것이다. 인간은 자기만의 힘으로는 성장하지 못한다. 성숙에 이르기까지 여러 사람들이 보살펴 준 것을 깨닫고 이들에게 항상 감사하는 마음을 갖는 것이 은혜에 보답하며 사는 길이다. 은혜에 대한 보답은 꼭 물질적인 것만이 아니라도 좋다. 명절을 맞이하거나 절후가 바뀔 때마다 평소 고마운 분들을 찾아뵙고 문안을 드리거나, 감사의 편지를 보내는 것도 은혜에 대한 보답이라 할 수 있다.

> "은혜를 받을 줄만 알고 그것을 보답할 줄 모르는 자는 가치 없는 사람이다"
> 플라우투스

둘째로 은혜를 베풀며 사는 것이다. 은혜를 베푼다는 것은 무엇보다도 이웃의 불행과 고통에 동참하여 그들에게 물질적으로 정신적으로 안정을 주는 것이다. 그러나 "너는 구제할 때에 오른손의 하는 것을 왼손이 모르게 하여 네 구제함이 은밀하게 하라"(마 6:3~4)는 성경말씀과 같이 은혜를 베푸는 자는 자신의 공로를 내세우거나 자랑해서는 안 된다. "은혜를 베풀고는 그것을 결코 기억하지 말고, 은혜를 받으면 그것을 결코 잊지 말라"는 킬론의 말은 은혜를 주고받는 자의 겸손을 일깨워 준다.

이처럼 은혜를 잊지 않고 은혜를 베풀며 사는 곳이 천국이다. 은혜를 아는 사람들이 모여 살 때는 감사, 친절, 예절, 선대(善待), 웃음, 노래, 기쁨, 평화가 넘친다. 그러나 은혜를 모르고 살면 불평, 불만, 원망, 대립, 경쟁이 가득하며 극히 이기적이며 타산적이어서 때로는 은혜를 원수로 갚게 된다. 은혜를 모르는 세계는 지옥과 같다.

작은 도움이나 친절에도 감사할 줄 아는 것은 항상 은혜를 잊지 않고 살아가는 아름다운 마음이다.

서로 믿고 살아야

일생을 살아가는 동안 사람이 다른 사람을 믿지 못하면 불행의 불씨를 안게 된다. 부모가 자녀를 믿지 못하고, 자녀가 부모를 믿지 못한다거나 부부끼리 서로를 신뢰하지 못하면 갈등과 반목이 이어져서 파경을 불러올 수도 있다. 또한 국민이 정치 지도자를 믿지 못하고, 회사의 간부와 직원들이 서로 마음의 벽을 쌓고 있다면 사회는 극심한 혼란을 겪을 수 있다.

어느 외국인 선교사가 인도의 정신적 아버지 마하트마 간디에게 "지금 인도가 해결해야 할 최대의 과제가 무엇입니까?"라고 물어보았다. 그는 대답하기를 "인도에서 가장 시급한 것은 인격의 건설"이라고 하였다. 간디의 답변은 인간사회 안에서의 상호 신뢰가 인격을 성장시킬 수 있는 밑거름이 된다는 것을 암시해 준다. 사실상 우리에겐 경제 안정도 시급하고, 교육의 발전과 과학기술의 증진도 꼭 필요한 일이지만 무엇보다도 우선하는 것은 공동체 안에서 사람끼리 서로 믿을 수 있는 인격의 풍토를 조성하는 일이다.

그런데 참으로 사람 사이의 믿음이 견실해지려면 하나님에 대한 믿음이 바탕을 이루어야 한다. 인간사회에서 빚어지는 무수한 불행과 죄악은 모두 사람에 대한 믿음의 부족에서 비롯한 것이며, 사람에 대한 신뢰의 결여는 하나님에 대한 신앙의 결핍에서 기인한다. 사람이 사람을 믿지 못하고, 또한 믿으려 하지 않는 태도는 사회의 미래를 암담하

> 일생을 살아가는 동안 사람이 다른 사람을 믿지 못하면
> 불행의 불씨를 안게 된다

게 만든다. 이러한 불신풍조는 온전한 인간관계 형성을 가로막고 사회 질서를 파탄의 지경으로 몰고 간다.

사람에 대한 불신은 결국 사람에 대한 사랑이 없기 때문에 나타나는 현상이다. 다른 사람을 사랑할 줄 모르는 것은 하나님을 향한 믿음이 없기 때문에 일어나는 현상이며, 믿음의 결여는 하나님의 성품을 체험하지 못한 데서 비롯하는 것이다. 요한 1서 4장 8절의 말씀처럼 하나님의 본질은 '사랑'이시다. 그 사랑을 다른 사람들에게 베풀 때 서로 믿고 의지하는 삶을 살아갈 수 있다.

의사소통은 정확한 의미교환이다

　현대를 흔히 정보시대라고 부른다. 정보란 의사소통을 매개체로 하여 얻어질 수 있는 산물이다. 의사소통이 원활하게 이루어질 때, 생산성이 증대하고 화해와 협동이 이루어지며 효율성이 배가된다.
　의사소통이 없다면 교육이 있을 수 없고 사회조직이 형성될 수 없으며 문화의 전승이 불가능해진다. 이러한 점에서 의사소통은 인간사회의 질서를 구현하는 기본적 요소라 할 수 있다. 오늘날에는 의사소통의 신속함과 정확성을 위해 컴퓨터와 각종 전자매체들을 이용하고 있다. 의사소통은 정확한 의미를 전달하는 과정이라야 한다. 전하고자 하는 의미가 과장되거나 의미를 일방적으로 관철시키려 할 때 의사소통은 불가능해진다.
　말하고자 하는 내용을 객관적으로 정확하게 표현할 뿐 아니라 정감 있는 언어로 자신의 마음을 전해야 한다. H. 쿤츠와는 "듣는 사람이 이해할 수 있는 언어로 뜻을 전달해야만 의사소통이 명료해진다. 모든 구성원의 의사는 공적 조직의 완전무결성을 유지할 수 있는 방법으로 전달되어야 한다"고 말한 바 있다.
　상대방의 환경, 처지, 지식을 고려하지 않거나 등한히 여길 때 자신의 언어는 상대방에게 전혀 의미를 줄 수 없다. 오히려 서로의 관계를 불편하게 만들거나 단절시키기 쉽다. 동일한 말일지라도 전하는 자의 의도와 태도에 따라 상대방에게 전달되는 의미는 달라지게 마련이다.

> "서투른 의사소통은 훌륭한 예절을 망쳐버린다"
> 메난드로스

"서투른 의사소통은 훌륭한 예절을 망쳐버린다"는 메난드로스의 말처럼 우리사회에서 의사소통이 제대로 이루어지지 않아 혼란을 야기했던 일을 종종 찾아볼 수 있다.

문자나 글은 의사소통의 수단으로 만들어진 것이다. 그러므로 낱말 하나, 문장 하나를 사용하더라도 쌍방의 대화에 합당하고 유익한 말을 주고받을 수 있도록 배려해야 할 것이다. 성경은 "합당한 말은 아로새긴 은쟁반에 금사과니라"(잠 25:11)고 하였다. 상대방의 마음을 충분히 헤아려 서로의 결핍을 채워줄 수 있는 말을 주고받게 될 때에 사회의 갈등을 해소하고 화합의 전기를 마련할 수 있을 것이다.

작은 일을 성실히

성실은 정성스러운 마음가짐과 태도이다. 정성스러운 마음에서 우러나오는 말과 행동은 인생에서 보람과 희망을 주며 우리의 정신을 즐거움으로 가득 차게 한다. 또한 성실은 진지한 탐구를 의미하며 언제나 정신적 노고가 뒤따른다.

인간관계에서 성실하다는 것은 대단히 중요하다. 성실은 자기 자신뿐 아니라 다른 사람에게도 유익을 주기 때문이다. 성실은 온갖 어려움을 인내하면서 목표 달성을 위해 노력하는 태도이다. 이러한 성실성이 우리의 인격과 정신을 성숙시킨다. 그러므로 C. A. 바톨은 "개개인의 성실이 공공의 안녕을 이룬다"고 하였다. 조그마한 일을 성실히 함으로써 큰 일을 이룰 수 있고, 맡은 바 책임을 면밀히 수행함으로써 참된 인간성을 키울 수 있다.

마르쿠스 아우렐리우스는 "두리번거리지 말고 오직 바른 길에서 이탈하지 않도록 달려야 하며 다른 사람이 말하고 행하고 생각하는 것에 마음을 쓰지 않고 오로지 자기 자신의 행동이 성실하도록 애쓰는 사람은 많은 시간과 안락을 획득할 수 있다"고 하였다. 어떠한 일을 하더라도 곁눈질하거나 두 마음을 품지 말고 부지런히 땀을 흘리자. 불로소득의 요행을 바라거나, 다른 사람의 도움에 전적으로 의존하는 것은 성실과 거리가 먼 태도이다.

J. G. 홀런드는 "정당하고 성실하게 일하는 것은 하나님에게 인도되

> "정당하고 성실하게 일하는 것은
> 하나님에게 인도되는 황금의 통로를 걷는 것이다"
> J. G. 홀런드

　는 황금의 통로를 걷는 것이다"라고 하였고, 성경도 "여호와께서 성실한 자를 보호하신다"(시 31:23)고 단언한 바 있다. 성실은 세상에서 비범하고 특이한 일에만 있는 것이 아니다. 청소 미화원이 아무도 다니지 않는 새벽에 깨끗이 길을 쓸어 놓는 것, 그것이 곧 성실이다. 성실은 다른 사람의 이목에 개의치 않고 자기의 본분과 책임을 다하는 것이며, 더 나아가 자신의 능력을 다하여 다른 사람의 필요를 공급해 주는 일이다. 자신의 소명 또는 사회적 책임을 생명을 다 바쳐서라도 완수하려는 성실의 정신을 기르자.
　위대한 사람 치고 성실하지 않은 사람이 없다. 아우구스티누스는 "사람은 성실할수록 자신을 얻게 된다. 성실해질수록 태도가 안정된다. 성실할수록 정신을 자각하게 된다. 하늘과 땅 앞에 자기가 엄연히 존재하고 있다는 관념은 성실할 때 비로소 얻어지는 자각이다"라고 하였다. 성실한 삶을 살아갈 때 자기의 존재감을 확고히 인식할 수 있고 인격 성숙을 기약할 수 있다.

절제가 최선이다

인간에게는 욕구가 있다. 마슬로는 "인간은 생리적 욕구, 사회적 욕구, 자기 실현의 욕구를 지닌다"고 하였다. 인간의 욕구는 무한대로 확대되는 경향이 있다. 이를 적절하게 조절하면 건강하고 행복해질 수 있으나 조절에 실패하면 건강을 잃고 불행하게 된다.

그러므로 R. 헤리크는 "질병을 막는 가장 든든한 담벽은 방어적 미덕, 곧 절제"라고 하였으며, J. W. 괴테도 지나친 욕구가 불행의 원인이 됨을 경계하여 "진정한 행복은 절제에서 솟아난다"고 하였다.

악이라고 생각되는 행위를 삼가고, 불필요한 일들을 가려 행하며, 모든 일을 자신의 처지와 분수에 맞게 통제하는 것이 절제이다. 얼마나 많은 사람들이 작은 쾌락을 절제하지 못하여 큰 것을 잃고 사는가? 얼마나 많은 사람들이 뜬구름 같은 허영 때문에 소중한 행복을 버리는가?

일시적으로 볼 때, 절제는 고통을 수반하지만 궁극적으로는 더 큰 보람을 안겨 준다. 그러므로 W. 고텔은 인생의 승리는 절제에서 시작된다는 뜻으로 "절제는 만족의 어머니"라고 하였으며, R. 버튼도 "절제는 황금의 굴레"라고 강조했던 것이다. 자기의 욕구를 억제하고 통제하였을 때 자긍심을 갖게 된다. 욕구를 이겨내고자 하는 의지는 사람의 내면 속에 무한한 정신적 에너지를 충만케 하고 새로운 창조를 가능케 하기 때문이다.

그리스의 델피에 있는 아폴로 신전의 벽에는 "절제가 최선이다"라는

> "진정한 행복은 절제에서 솟아난다"
> J. W. 괴테

금언이 새겨져 있다. 고대인(古代人)들조차도 절제를 최고의 미덕으로 여기고 만사형통의 지름길로 받아들였음을 알 수 있다. 말을 절제하여 후회하는 일이 없도록 해야 할 것이며 행동을 삼가하여 손해 보는 일이 없도록 해야 할 것이다. 성경에서도 "연락을 좋아하는 자는 가난하게 되고 술과 기름을 좋아하는 자는 부하게 되지 못하느니라"(잠 21:17)고 하여 우리에게 생활의 절제를 권면하고 있다. 욕구를 자제하여 슬기를 키우고, 여력을 봉사활동에 쏟아부을 때 우리가 살고 있는 사회는 좀더 평화스런 사회로 바뀔 것이다.

쇄신은 역사 창조의 열쇠

쇄신이 없었다면 오늘날의 세계는 원시사회 형태를 면하지 못했을 것이다. 낡은 것을 새롭게 하고 낙후한 것을 발전시키려는 의지는 역사 창조의 열쇠이며 복지의 어머니이다. 쇄신의 의지는 바위를 뚫고 강산을 바꾼다. 이러한 의지는 오늘의 행동이 어제보다 더 나은 세계를 창조하고, 내일의 행동이 오늘보다 더 나은 세계를 건설하리라는 확신 속에서 생겨난다.

대학(大學)의 '구일신 일일신 우일신'(舊日新 日日新 又日新)은 은나라 양왕이 세면기에 새겨 교훈으로 삼았다는 글이다. 좀더 나은 방법, 좀더 나은 상태를 추구하려면 매일 자기 자신의 마음을 새롭게 변화시키지 않으면 안 된다. 마음을 청신하게 가다듬기 위해서는 조그마한 일에도 숙고하고 반성하는 생활을 해야 한다. 행동하기 전에 먼저 사고하고, 행동한 후에도 그 의미를 또다시 새겨 보아야 한다. 선생님과 부모 또는 선배의 조언에 귀기울여야 하며 자신의 단점이 무엇인지를 깨달아 이것을 과감히 개선해 나가야 한다.

다른 사람에게 유익을 주는 생활방식을 스스로 창안하여 실행하고, 외부에서 훌륭한 사고체계와 윤리의식을 도입하는데 주저해서는 안 된다. 기존의 이론이나 선구자들의 체험담에서 교훈을 찾고 그것을 생활화하려는 노력을 통해서 인간의 삶은 새롭게 변할 수 있다.

아름답고 행복한 이상사회를 추구하려는 의지가 없다면 쇄신은 이

> "오직 마음을 새롭게 함으로 변화를 받으라"
> 로마서 12:2

루어질 수 없다. 행동에서는 자선과 봉사의 풍토를 배양하고, 정신에서는 예술과 문화를 꽃피우려는 노력을 전개해야 할 것이다.

인간은 불완전하다는 것을 인정하자. 러시아 작가 보리스 파스테르나크는 "한 개의 씨앗은 썩어야만 싹이 튼다"고 하였다. 자기 자신의 생활에서 무엇을 고쳐야할 것인지를 점검해 보고 주저 없이 바꾸어 나가자. 새 마음 새 태도로 미래를 바라보며 인간사회를 밝게 가꾸어 나가자. "오직 마음을 새롭게 함으로 변화를 받으라"(롬 12:2)는 성경말씀처럼, 매일매일 언행을 가다듬어 정신에 새로운 생명을 불어넣자. 작은 일, 손쉬운 일에서부터 생활을 하나하나 단계적으로 개선해 나간다면 인간사회엔 희망의 서광이 밝아오리라.

저축은 풍요를 향한 전진

저축은 삶의 질을 더욱 풍요롭게 하고 미래의 역경을 슬기롭게 극복하려는 사전의 준비행위이다. "절약은 현자의 돌이다"라는 T. 풀러의 말처럼 저축을 하는 사람은 미래의 번영을 예비하고 행복의 꽃밭을 가꾸는 지혜로운 사람이다.

아무리 돈을 잘 번다 하더라도 낭비가 따르면 발전이 없다. 낭비는 재산을 좀먹는 벌레이며 저축은 재산을 늘리는 기여자다. 흔히들 저축은 쓰다 남는 것이 있어야 가능한 것으로 알고 있다. 쓰다 남는 것을 저축하는 것보다 쓸 돈을 절약하여 저축하는 것이 풍요를 앞당기는 비결이다. 한 방울의 물이 모여 바다를 이루며 한 알의 모래가 모여 사막을 이룬다. 우리 나라 속담에도 "티끌 모아 태산"이라는 말이 있지 않은가?

돈 한 푼을 업신여기는 자는 한 푼 때문에 울게 될 수도 있다. 이를 경계하여 S. 스마일즈는 "자기가 버는 것을 전부 쓰는 사람은 거지로 전락하는 도중에 있다"고 말한 바 있다. 푼돈을 모아 목돈으로 만드는 행위를 통해서 불필요한 지출을 줄이고, 물자를 오랫동안 사용하는 습관을 기르며, 소득을 증대시켜 나가는 방법을 연구할 때 재산은 눈덩이처럼 불어날 것이다.

물론 정당한 방법으로 돈을 모으는 것이 저축의 전제가 된다. "속이는 말로 재물을 모으는 것은 죽음을 구하는 것이라 곧 불려 다니는 안

> "자기가 버는 것을 전부 쓰는 사람은
> 거지로 전락하는 도중에 있다"
> S. 스마일즈

개니라"(잠 21:6)는 성경의 경고처럼, 사기와 부정으로 모은 재산은 결국 파멸을 가져온다. 성실한 땀이 바탕이 된 저축은 풍요를 향한 전진이며 행복을 향한 실천운동이다. 저축하는 자는 가진 것이 없어도 부유한 자요 약해 보여도 강한 자다. 저축을 생활의 윤리로 정착시킬 때 부강한 내일을 맞이할 것이다.

시간을 보람 있게 쓰자

시간을 아껴서 사용해야 한다는 말은 고대의 시절부터 현자(賢者)들이 항상 강조해 온 말이다. 이것은 인간이 실생활에서 낭비하는 시간이 많다는 것을 의미하기도 한다. 잠에서 깨어나 무의미하게 누워 있는 시간, 아무런 생각 없이 우두커니 앉아 있는 시간, 할 일 없이 집 안을 배회하는 시간, 텔레비전 속에 사로잡혀 사색이 멈추어버린 시간 등, 실제로 우리가 허비하는 시간은 이루 헤아릴 수 없을 만큼 많다. 무의미하게 흘러가 버리는 시간은 삶 속에 게으름을 심어 놓고, 인간의 미래를 불행으로 이끌며, 불의와 부정을 낳기도 한다.

역사상 훌륭한 위인들은 자기에게 주어진 1분 1초를 아껴 목표 달성을 위해 열심히 노력한 사람들이었다. 오늘이 지나면 오늘은 다시 오지 않는다. 우리는 이를 교훈 삼아 일상생활에서 어떻게 하면 시간을 아껴 잘 사용할 수 있을 것인지를 생각해 볼 필요가 있다.

시간은 나를 기다려 주지 않는다. 잃어버린 시간, 날아가 버린 시간, 빼앗긴 시간은 영원히 돌아오지 않는다. 프랜시스 베이컨은 "시간을 선택하는 것이 시간을 절약하는 것이다"라고 말하였다. 이것은 시간의 선용(善用)에 대한 교훈이라 할 수 있다. 그렇다면 가장 보람 있게 시간을 보내는 길은 무엇일까? 보람 있는 시간이란 평화를 위해 노력하는 시간, 남의 어려움을 도우며 선을 행하는 시간, 내 감정을 다스리는 시간, 나의 재능을 연마하고 숙련하는 시간들이다. 이러한 시간이야말

> "시간을 선택하는 것이 시간을 절약하는 것이다"
> 프랜시스 베이컨

로 우리 생애에 얼마나 아름답고 유익한 것인지 모른다. 내가 이 시간에 어떻게 행동하느냐에 따라 행·불행과 성공, 실패는 결정된다.

한 번 지나쳐 버린 시간은 저장할 수도 없고 다시 체험할 수도 없다. 그러므로 시간은 그때그때마다 자기의 필요에 따라 선용하는 사람의 재산이다. 만일 시간을 생산적·창조적으로 사용하지 않는다면 그것은 우리에게 아무런 의미도 없는 껍데기에 불과할 것이다. 그래서 모세는 "우리에게 우리 날 계수(計數)함을 가르치사 지혜의 마음을 얻게 하소서"(시 90:12)라고 기도했다. 시간을 허비하지 않고 하나님의 뜻을 위해 사용하려는 의지를 표명한 것이다. 만약 우리가 '날'을 사용하는 과정 중에 꼼꼼하게 시간을 아낀다면 연수(年數)는 당연히 귀중하게 사용될 것이다. 어니스트 헤밍웨이의 말처럼 "시간은 우리가 갖고 있는 것 중의 가장 적은 것"임을 잊어서는 안 된다. 촌음을 아껴 내가 발전하고 가정이 행복해지고 인류가 번영하는 일에 전력을 기울여야 한다.

하늘의 복을 전하는 거룩한 손길

하늘의 음성을 들을 때

하늘의 음성을 듣는 사람만이 모든 문제를 해결할 수 있다. 하늘의 음성을 듣는 것은 은혜 중의 은혜이며 가장 고결한 축복이다. 열린 하늘의 문에서 들려오는 거룩한 약속의 소리를 듣는 것보다 더 가슴 벅찬 기쁨은 없을 것이다.

예수님은 요단강에서 세례를 받으신 후에 "너는 내 사랑하는 아들이라 내가 너를 기뻐하노라"(막 1:11)는 하늘의 소리를 들으셨다. 사도 바울은 다메섹의 길 위에서 하늘의 음성을 들었으며(행 9:3), 스데반은 돌에 맞아 죽는 자리에서도 성령의 목소리에 이끌려 하나님의 영광을 보았다(행 7:55~56).

하늘의 음성을 듣는 사람은 인생을 새롭게 살아가게 되며, 견고한 반석 위에 인생의 집을 짓게 된다. 그러나 하늘의 음성은 누구에게나 쉽게 들리는 것이 아니다. 이 세상에서 하나님의 뜻을 이루고자 땀을 흘릴 때에 비로소 들려오는 것이 하늘의 음성이다. 또한 깊은 병에 들어 사경을 헤매거나 사업에 실패하여 절망에 빠져 있을 때에도 기도를 쉬지 않는다면 하늘의 음성을 들을 수 있다.

이처럼 하늘의 음성을 듣는 사람은 평안과 기쁨을 얻고, 하나님의 뜻을 분별하는 지혜를 갖게 된다. 하늘의 음성을 듣는 사람은 하나님의 뜻을 이루기 위해 썩는 한 알의 밀알처럼 헌신을 아끼지 않는다.

그러나 하늘의 음성을 듣는 것은 하나님의 말씀인 성경을 깊이 묵상

하늘의 음성을 듣는 사람만이 모든 문제를 해결할 수 있다

하면서 기도할 때만이 가능해진다. 아무리 성경을 많이 읽었다해도 성경 속에 담겨 있는 하나님의 음성을 영혼의 그릇 속에 가득 채우지 않는다면 다른 사람의 영혼을 결코 위로할 수도 사랑할 수도 없다.

하늘의 음성을 주야로 묵상하고 가슴에 새기지 않는다면 성경을 읽는 행위도 우리의 영혼에 무의미하게 울리는 징과 다름없다. 성경을 하늘의 음성을 듣는 통로로 삼을 때만이 영원한 생명을 간직할 수 있다.

기도하는 사람

스데반은 돌에 맞아 죽는 자리에서도 기도하기를 쉬지 않았다. 그가 죽음의 순간에서도 천사 같은 얼굴로 천국의 문을 열 수 있었던 것은 기도의 힘 때문이었다. 기도하는 사람은 열악한 환경과 조건 속에서도 능히 이것을 이길 수 있는 영적인 위로와 신령한 용기를 얻는다.

기도하는 사람은 하나님의 음성으로 평안을 얻는다. 참된 평안은 기도할 때 하나님께 얻는 선물이다. 하나님께 기도할 때 우리의 심령엔 천국의 소망이 있기 때문이다. 하나님의 말씀에 바탕을 둔 기도라면 하나님께서 반드시 소원을 이루어주실 것을 믿을 수밖에 없다.

기도하는 사람은 하나님께서 주시는 기쁨을 얻게 된다. 바울은 억울하게 감옥에 갇혀 절망과 우울의 나날을 보냈지만, 기도를 시작하면서부터 마음속에 기쁨을 다시 찾을 수 있었다. 기도는 절망 중에서도 기쁨을 창조하는 기적의 원천인 것이다.

기도하는 사람은 하나님의 뜻을 분별하는 지혜를 얻게 된다. 기도하지 않는 사람은 결코 하나님의 뜻을 알 수 없다. 기도에 전념하는 동안에 우리의 소원과 계획이 하나님의 뜻에 합당한지 그렇지 않은지를 깨닫게 된다. 기도는 천국의 광맥 속에서 하나님의 보배로운 뜻을 캐내는 신성한 도구이다.

기도를 통해서 하나님과 신령한 호흡을 주고받으며 그분과의 대화가 무르익어 간다. 기도하는 사람은 하나님과 깊은 교제를 통해 그분의

> 하나님께서 친히 그분의 거룩한 뜻을 펼쳐 보여주시는
> 영혼의 향연장은 바로 기도하는 사람의 가슴이다

비밀스런 섭리를 읽을 수 있다. 하나님께서 친히 그분의 거룩한 뜻을 펼쳐 보여주시는 영혼의 향연장은 바로 기도하는 사람의 가슴이기 때문이다.

신앙은 상식 위에 있다

　인간의 삶에서 상식이 차지하는 비중은 매우 크다. 상식적 판단이 결여될 때 사람의 도리를 지킬 수 없고, 사회의 질서를 유지할 수 없다. 상식이 무시될 때 사람과 사람의 조화가 어렵게 되고 개인과 사회의 관계가 어그러진다. 신앙생활에서도 상식은 여전히 중요한 의미를 갖는다. 신앙은 상식을 무시하는 것이 아니라 상식 위에서 더욱 견고히 건설되는 성(城)과 같다.
　하나님은 인간에게 이성(理性)을 허락해 주셨다. 사회 안에서 법규와 도덕을 준수하여 질서를 유지하는 것은 이성의 작용 없이는 불가능하다. 인간관계 속에서 예의와 분수를 지키는 것도 이성의 도움을 받아야만 한다. 따라서 상식은 이성이 정해 놓은 인간행위의 보편적인 지침이자 거울이라 할 수 있다.
　이성의 목소리에 귀기울여 상식을 준행하는 것은 그리스도인으로서도 바람직한 일이다. 그러나 이성을 전적으로 신뢰하여 상식과 관습의 틀 속에만 묶여 있는 것은 육신은 건강하되 영혼은 죽어 버린 사람과 다를 바 없다.
　일반적인 상식은 그리스도인에게 하나님의 계명을 이탈하게도 하며, 하나님의 말씀을 사모하는 열정을 약화시키기도 한다. 그러나 신앙은 단연코 상식의 한계를 뛰어넘어 영혼을 살리는 것이다. 우리는 상식의 중요성을 염두에 두면서도, 하나님의 말씀을 위반하는 상식과 관례

> 신앙은 상식을 다스리면서도
> 상식 위에 하나님의 뜻을 세우는 거룩한 행위이다

에 대해서는 냉정해져야 한다.

무엇보다도 하나님을 향한 신앙은 상식을 존중하면서도 하나님의 섭리를 청종하는 길을 걸어나가는 것이다. 진실한 신앙은 이성의 영역인 상식을 초월하여 그분의 섭리에 귀의하는 행동이다. 신앙은 상식을 다스리면서도 상식 위에 하나님의 뜻을 세우는 거룩한 행위인 것이다.

진정한 대화

인간은 대화의 존재이다. 대화란 서로의 마음을 읽는 것이다. 의사를 전달하고 전달받는 것에서만 의미를 찾는다면 그것은 대화가 아니라 통신일 것이다. 진정한 대화란 상대방의 마음을 헤아려 그 사람의 마음에 들어가 앉아 있는 것이다. 일상생활 속에서 만족스런 대화가 이루어지지 않는 것은 무슨 까닭일까? 그것은 말을 주고받는 사람들이 상대방의 말에 귀기울이려는 노력과 상대방을 존중하는 태도가 결여되어 있기 때문이다.

대화가 지속적으로 이어지려면 서로가 상대방의 말 듣기를 즐겨해야 한다. 성경에서는 "내 사랑하는 형제들아 너희가 알거니와 사람마다 듣기는 속히 하고 말하기는 더디며 성내기도 더디하라"(약 1:19)고 권면하였다. 대화를 원만하게 끌어가려면 한마디의 말을 던지기 전에 먼저 두 마디의 말에 귀기울여야 한다.

아브라함 링컨도 "좋지 않은 감정을 없애는 가장 좋은 방법은 직접 만나서 말하는 것이다"라고 하였다. 인간관계의 갈등을 해결하는 최선책은 대화이다. 대화가 이루어지지 않을 때, 모든 인간관계가 어그러지며 혼란과 무질서를 낳는다. 그러나 대화를 통해 서로의 마음을 들여다보고, 서로의 삶을 이해하게 될 때에 상호간의 신뢰가 돈독해져 공동의 창조적 활동이 가능해진다.

그러므로 상대방을 존중하는 마음의 바탕 위에서 이루어지는 대화

> "내 사랑하는 형제들아 너희가 알거니와
> 사람마다 듣기는 속히 하고 말하기는 더디하며 성내기도 더디하라"
>
> 야고보서 1:19

야말로 서로가 믿음과 소망과 사랑을 공유할 수 있는 인격적 만남인 것이다. 어떤 조직체를 막론하고 구성원들 상호간에 인격적 대화가 이루어지지 않는다면 발전할 수 없다. 의견이 다르다 하더라도 공통의 관심사와 공동의 목표를 정립하려는 진지한 노력을 기울여 나갈 때 비로소 진정한 대화와 인격적 만남이 이루어져 사회의 발전에 주춧돌을 놓을 수 있다.

남편과 아내, 부모와 자녀, 스승과 제자, 상급자와 하급자간에 갈등의 고리를 풀 수 있는 열린 마음의 대화를 나누어 보자.

이해하고 존중하기

다른 사람을 이해한다는 것은 자신만을 내세우는 태도를 자제하고 상대방의 처지에 서서 그의 생활과 체험을 존중하는 것이다.

인간은 각자 성격과 가치 판단의 기준이 다르기 때문에 똑같은 일이라도 심각하게 생각하는 사람이 있는가 하면 가볍게 여기는 사람도 있고, 화를 내는 사람이 있는가 하면 미소를 짓는 사람도 있다. 그러므로 "이해는 인식의 시작이다"라는 앙드레 지드의 말처럼 상대방을 이해하지 않고서는 원만한 인간관계를 유지할 수 없다.

누구나 사람을 잘 이해하려면 방법은 단 한 가지밖에 없다. 그것은 결코 성급하게 상대방의 성격과 태도를 판단하지 말아야 한다는 것이다. 상대방의 모습을 있는 그대로 인내심 있게 잘 지켜보고 판단하는 일이 중요하다. 첫 인상이나 한두 가지 자그마한 실수를 보고 그 사람의 결함을 다 알았다고 생각해서는 안 된다.

편견은 인간관계를 그르치고 상대방에게 상처를 입히는 무기가 될 수 있다. 우리는 다른 사람을 이해할 때 다른 사람이 자신을 모르는 것을 탓하지 말고 자신이 다른 사람을 모르는 것을 탓하여야 한다. 상대방의 처지를 알고자 노력할 때에 편견에서 벗어나게 되며 그를 향한 사랑이 시작되는 것이다.

다른 사람을 이해한다는 것은 어떤 것일까? 첫째로 그 사람의 사정과 처지를 충분히 파악하고 진실한 마음으로 대하는 것이다. 둘째로 그

> "이해는 인식의 시작이다"
> 앙드레 지드

  사람의 행동을 비웃거나 싫어하기보다는 진심으로 염려하고 고쳐주는 것이다. 셋째로 "이해한다는 것은 용서하는 것이다"라는 A. 체이스의 말처럼 그 사람과의 관계에서 모든 것을 부정적으로 생각하기보다는 긍정적으로 받아들이며 포용하는 것이다.
  성경은 우리에게 "너희 관용을 모든 사람에게 알게 하라 주께서 가까우시니라"(빌 4:4)고 함으로써 타인에 대한 이해와 포용을 권면하고 있다. 일생 동안 남을 이해하면서 사는 사람은 좋은 이웃을 얻을 수 있다. 어떤 환경에서도 동고동락할 수 있는 이웃을 얻는다는 것은 물질보다 더 귀한 재산을 얻는 것이다. 서로 이해하고 감싸주는 사람들이 사는 사회야말로 절망을 두려워하지 않는 참된 희망의 산실이며 행복의 요람이다.

충고는 신뢰의 양약(良藥)

　인간에게 완전한 행동을 기대할 수는 없다. 누구나 생활 속에서 크고 작은 실수와 과오를 저지르게 된다. 이것은 인간이기에 어쩔 수 없이 경험하게 되는 생활의 일면인지도 모른다. 그러나 자신의 잘못이 있다면 이는 곧바로 개선해야 할 것이며 똑같은 잘못을 되풀이하지 않도록 최대한 노력해야 할 것이다. 자신의 행위에 대하여 잘못된 점을 발견한다는 것은 어려운 일이다. 또한 잘못을 발견했다 할지라도 이를 시정하려는 노력이 없다면 하나의 과오는 더욱 큰 과오를 낳을 수 있다.
　충고는 사랑으로 인간행위의 병폐를 시정하도록 권유하는 가정교사이며, 그릇된 행위의 병을 치료하는 약이라 할 수 있다. 충고를 아끼면 친구를 잃게 되고, 충고에 인색하면 위인을 낳지 못한다. "훌륭한 충고보다 값진 선물은 없다"는 에라스무스의 말처럼 충고는 가장 귀한 선물이라 할 수 있다. 자기 자신에게, 사랑하는 가족에게, 사회와 국가에 대해 아낌없이 충고의 선물을 주도록 하자. W. G. 베넘은 "좋은 충고는 값을 초월한다"라고 하여 충고의 사회적 영향력을 강조하였다.
　그러나 충고를 할 때는 신중을 기해야 한다. 상대방에 대한 충고는 다른 사람이 들을 수 없는 은밀한 공간에서 이루어져야 하며, 충고 속엔 반드시 사랑이 깃들어 있어야 한다. 상대방의 발전을 축원하는 마음이 없이 충고하는 것은 오히려 상대방을 노하게 하고 비난하는 결과를 가져오기 쉽다. 그러므로 체스터필드 백작은 "충고는 좀처럼 환영받지

> "좋은 충고는 값을 초월한다"
> W. G. 베넘

못한다"고 말하기도 했다. 그러나 지혜와 애정이 담긴 충고는 반드시 발전의 활력소 역할을 한다.

충고를 하는 것도 중요하지만 충고를 받아들이는 자세 역시 중요하다. 일찍이 푸블릴리우스 시루스는 "충고자는 아무리 신랄하여도 결코 해를 끼치지는 않는다"라고 말한 바 있다. 진심으로 충고를 받아들이는 자는 진리를 배우는 자이며, 충고를 삶 속에 반영하는 자는 위대한 인격자라 할 수 있다.

충고를 존중하며 충고를 통해서 자신의 발전을 기하려는 사회풍토를 조성해야 한다. 충고를 독설(毒舌)로 생각하며 충고를 외면하는 사회는 결코 발전할 수 없다. 삶을 반성하는 가운데 자신의 영혼을 향해 충고의 독백을 되뇌고, 다른 사람에 대해서도 건설적인 충고를 아끼지 말자. 성경도 충고의 중요성을 강조하여 "한마디로 총명한 자를 경계하는 것이 매 백 개로 미련한 자를 때리는 것보다 더욱 깊이 박히느니라"(잠 17:10)고 하였다. 충고를 주고 받는 것을 미덕으로 아는 사회에서 발전을 기대할 수 있다.

소망에서 영원한 기쁨을

 소망이란 막연하게 무언가를 바라는 것이 아니라 신뢰와 확신의 감정을 동반하는 의지적 작용이라 할 수 있다. 기독교에서 이야기하는 '소망'이 바로 이러한 유형의 '소망'이라 할 수 있다. 곧 여호와 하나님은 소망을 주시고 그 소망의 성취를 약속해 주시는 분이며, 인간은 하나님의 음성에 응답하여 그분을 향한 신앙을 통해 소망을 받아들이는 존재이다. 그러므로 소망은 신앙과 확신 속에서 간직하는 이상(理想)이며, 인내와 끈기로서 미래의 축복을 기다리는 행위이기도 하다.
 그리스도인들은 소망을 하나님한테서 찾고, 소망에 대한 확신을 그리스도 안에서 발견하는 자들이다. 참된 신앙을 가진 자들은 자신의 소망이 그리스도 안에서 언젠가는 성취되리라는 것을 의심치 않을 뿐 아니라 이미 성취된 것이나 다름없다고 믿는다.
 신앙의 바탕 위에 존재하는 소망은 세월의 흐름에 조급해하지 않고, 불안과 공포를 다스릴 줄 알며, 언제나 자기 자신의 의지를 복종시켜 인내와 최선의 노력을 촉구한다. 소망은 결코 현실 도피의 공간 또는 정신적 아편과 같은 것이 아니며, 노력 없이 값진 결과만을 바라는 망상도 아니다.
 1964년 흑인 인권운동의 공로로 노벨평화상을 수상한 미국의 마틴 루터 킹 목사는 1963년 〈워싱턴 대행진〉에서 수많은 흑인들에게 다음과 같이 외쳤다. "우리에게 고난은 첩첩이 쌓여 있습니다. 그러나 꿈을

"소망 중에 즐거워하라"
로마서 12:12

버리지 마십시오. 우리 자녀들을 피부 색깔이 아닌 인격의 내용으로 판단할 날이 반드시 올 것입니다. 이 꿈을 버리지 않는다면 절망의 바위산에서 희망의 반석을 캐내게 될 것입니다. 우리 모두 그날을 위해 함께 기도하고 함께 종을 울립시다."

참된 소망은 궁핍한 상황 또는 피폐한 환경 속에서 더욱 강인하게 성장한다는 것을 킹 목사의 연설에서 확인할 수 있다. 하나님을 향한 믿음(신앙) 속에서 소망을 키우고 그리스도의 말씀 속에서 소망의 실현을 약속 받은 자들은 결코 자신의 열악한 현실적 조건과 환경을 탓하지 않는다. 자신에게 도움을 주지 않는 사람들을 향해서 원망을 드러내지도 않는다. 비록 보이지는 않지만 분명히 존재하고 있을 미래의 축복을 향하여 오로지 신앙과 노력을 양손에 쥐고 달려갈 뿐이다.

"소망 중에 즐거워하라"(롬 12:12)는 성경말씀처럼 소망으로 절망을 극복하고 소망을 통해 일시적 욕망을 억제할 때 참된 기쁨을 얻을 수 있다. 예수 그리스도는 기쁨의 근원이신 까닭에 그분 속에서 소망을 키우는 자들에게는 반드시 기쁨과 즐거움이 찾아온다. 또한 이 기쁨은 인간의 의지와 욕망에 의해 생겨난 것이 아니기 때문에 시간의 한계를 초월하는 영속성을 지닌다.

비전은 마음에 정한 목표

　비전은 인간을 성공의 길로 인도하는 안내자이다. 비전을 품은 자는 발걸음이 가볍고 눈에서 빛이 난다. 고난에 처해 있어도 생기가 넘치며 가난에 처해도 초라하지 않다. 특히 젊은이들에게 비전은 명예보다 더 소중한 보석이다. S. 클라이크는 "청년이여 대망을 품으라"고 하였다. 생애를 두고 달성해야 할 소망이 있고, 그 비전을 바라보며 최선을 다하는 사람처럼 행복한 사람은 없다.
　비전은 마음에 정해진 목표이므로 다른 사람들에게 드러나지 않는다. 성경은 우리에게 "보이는 소망은 소망이 아니다"(롬 8:24)라고 하였다. 비전은 귀한 화초와도 같아서 보살피고 가꾸지 않으면 시들어 버린다. 비전을 가슴에 품은 자는 그것을 향해 힘찬 전진을 계속해야 한다. 비전이 실현될 때까지 용기와 인내를 아끼지 말아야 한다.
　비전은 자기 중심의 이기적인 것이 되어서는 안 된다. 다른 사람을 위하고, 사회를 위하며, 인류의 발전에 도움이 될 수 있는 것이어야 한다. 애덤스 여사는 시카고에서 한 평생 흑인들과 가난한 자들을 돌보는 것을 비전으로 삼았고, 고아의 아버지라 불린 페스탈로치는 고아들을 친자식처럼 사랑하는 것을 교육의 가장 큰 비전으로 여겼다. 이타적 자애심에서 우러나온 비전이야말로 현대인들에게 가장 바람직한 비전의 귀감이라 할 수 있다.
　큰 비전을 품으면 큰 열매를 맺을 것이며, 작은 비전을 품으면 작은

> 비전을 품은 자는 고난에 처해 있어도 생기가 넘치며
> 가난에 처해도 초라하지 않다

열매를 맺을 것이다. 고래잡이 작살을 준비하여 바다에 도전하는 사람에겐 고래가 잡힐 것이며, 낚시를 준비하여 얕은 물에 가는 사람에겐 작은 고기만 잡히게 될 것이다.

원대하고 이타적인 목표를 세울 때 비전의 빛은 아름답다. 그러나 비전을 실현하는 날까지 서두르지 말고 하나하나 단계적으로 실천해야 한다. 작은 일이라 등한시하지 말고, 멀다 하여 포기하지 말며, 꾸준한 인내로 전진을 계속해야 한다. 비전의 길은 멀고 험하나 헌신과 노력이 끊이지 않는다면 비전은 반드시 열매를 맺는다. 모든 사람들이 자신의 성숙과 타인의 유익을 희망하며 일할 때 우리 사회는 좀더 밝고 아름다워질 것이다.

희망은 약속을 믿는 것

농부의 희망은 추수에 있다. 그는 잘 익은 열매를 갈구하는 심정으로 봄에 씨앗을 뿌린다. 씨앗을 뿌리는 농부의 눈가에서 눈물이 흐를 때가 있다. 씨앗 하나에 인생의 모든 희망을 걸기 때문이다. 그러나 추수의 희망이 없는 사람은 밭을 갈지도 씨앗을 뿌리지도 않는다. 희망을 가진 사람은 미래에 자신이 받게 될 열매를 확신하고 간절히 구하는 자이다. 얻을 줄 믿고 열심히 찾는 자이며, 하늘문이 열리기를 바라며 계속 두드리는 자이다.

"구하라 그러면 너희에게 주실 것이요 찾으라 그러면 찾을 것이요, 문을 두드리라 그러면 너희에게 열릴 것이니 구하는 이마다 얻을 것이요 찾는 이가 찾을 것이요 두드리는 이에게 열릴 것이니라"(마 7:7~8). 이 말씀은 희망을 품은 사람에게 반드시 응답해 주실 것을 보장하는 하나님의 약속이다. 그렇다면 희망은 어떻게 나타나야 바람직한 것인가? 희망은 하나님께 대한 마음의 소원으로 나타나야 하며, 그것을 실현하려는 노력으로 이어져야만 하며, 그 목적에 도달하여 하나님의 집에 들어가는 것으로 완성되어야 한다.

희망하는 자는 먼저 구해야 할 것을 마음에 정하고, 결심을 굳건히 유지하며 희망을 키워 가야 한다. 희망을 품는다고 해서 모든 것이 다 이루어지는 것은 아니기 때문이다. 결심과 의지의 토대가 든든하지 못한 희망은 실현 가능성이 없다. 희망을 가진 자가 밟아야 할 첫단계는

> 희망을 가진 사람은 미래에 자신이 받게 될
> 열매를 확신하고 간절히 구하는 자이다

마음을 가다듬어 자신의 희망을 소중히 보존하는 예비과정이다.

그러나 마음에 준비가 이루어졌다고 해서 하나님이 빈 호주머니 속에 무엇을 넣어 주시는 것은 아니다. 하나님은 적극적인 태도로 희망을 실현하고자 땀을 흘리는 자에게 열매를 허락하신다. 그러기에 사슴이 시냇물을 찾아 갈급해하는 심정으로(시편 42:1) 희망을 적극적으로 이루어 나가야 한다.

희망하는 자가 밟아야 할 마지막 단계는 목적지에 이르러 하나님이 예비해 놓으신 집의 문을 두드리는 것이다. 문을 열고 들어가 정원의 과일나무에 맺혀 있는 열매들을 추수하는 일이다. 얍복 나루에서 천사를 만나 씨름한 야곱같이 희망의 열매를 얻기 위한 노력을 마지막까지 쏟아 부어야 한다(창 32:24~29). 우리의 희망을 이루시는 분은 하나님이시니 우리는 다만 하나님의 성문(城門)을 두드릴 뿐이다.

하나님께서는 희망하는 자에게 좋은 것으로 주신다고 하셨다(눅 11:13). 그분께서는 좋은 것 이외엔 결코 주시지 않으며 악한 것을 아무리 구하여도 주시지 않는 분임을 우리는 믿어야 한다. 그러므로 마음을 다해 구하고, 행동으로 찾으며, 마지막에는 하늘 궁전의 문을 두드리는 노력이 필요하다. 하나님께서는 희망하는 자의 기도 이상으로 필요한 모든 것을 더하여 주시는 분이기 때문이다.

꿈꾸는 자여, 푯대를 향하여 달려라

　청소년 시절엔 높은 이상과 포부를 가져야 한다. 꿈이 없는 인생은 무의미하다. 그러나 꿈을 가진다고 해서 반드시 인생의 결실을 거두는 것은 아니다. 꿈을 성취하려면 원대한 목표와 구체적 계획을 세워야 한다. 바울은 신앙의 완성을 위하여 "뒤에 있는 것은 잊어버리고 앞에 있는 것을 잡으려고 푯대를 향하여 좇아갔다"(빌 3:13~14)고 했다. 목표와 방향이 없는 곳에는 인생의 의미를 찾을 수 없다. 목표와 계획을 세운 뒤엔 이것을 실현하기 위해 최대한의 노력을 기울여야 한다.
　꿈을 실현하기 위해서는 부정적 사고방식을 버려야 한다. 자신감과 노력이 부족했음에도 불구하고 실패의 책임을 다른 사람의 탓으로 돌리거나 변명을 늘어놓는 것은 현명하지 못한 태도이다. 가치로운 일을 계획한 이후엔 "나는 할 수 있다"는 가능성의 토대 위에 희망의 깃발을 꽂아야 한다. 이러한 긍정적 사고방식을 통해서 스스로 흘릴 수 있는 모든 땀을 쏟아 부을 때 인생의 열매를 거둘 수 있게 된다.
　보지도 듣지도 못하며 말하지도 못했던 헬렌 켈러 여사는 어느 누구보다도 뛰어난 문필가이자 교육자로서 전 세계에 명성을 떨쳤다. 여사는 14세에 맹아학교에 입학하여 회화, 수학, 지리, 독일어, 프랑스어 등을 공부하였고 20세엔 하버드 대학에 진학하여 졸업하기까지 고전(古典)과 성경을 탐독하였다. 헬렌 켈러는 시각과 청각의 불능, 언어기능의 장애를 이겨 내기 위해 정상인보다 몇 배 이상으로 독서와 글쓰

> "오직 한 일 즉 뒤에 있는 것은 잊어버리고
> 앞에 있는 것을 잡으려고 푯대를 향하여…"
> 빌립보서 3:13~14

기를 훈련하였다. 그 결과 헬렌 켈러는 정상인들을 감동시키는 문학작품을 쓰게 되었고, 풍부한 지식을 바탕으로 정상인들 앞에서 수준 높은 강의를 펼칠 수 있었다.

헬렌 켈러를 위대한 인물로 성장시킨 밑거름은 무엇이었을까? 설리반 선생님의 교육방침도 중요한 원인이었지만, 이보다 더 중요한 것은 미래를 향한 꿈과 그 꿈을 이루려는 불굴의 의지였다. 헬렌 켈러의 인간 승리는 실의와 좌절을 거듭하는 모든 사람들에게 용기를 주었다. 그녀의 눈물겨운 노력은 건강한 몸을 가지고도 아무 노력조차 하지 않는 사람들을 부끄럽게 한다.

청소년들이 푯대를 향해 나아갈 때 가정환경, 물질, 신체적 불구 등의 외적 조건 때문에 어려움을 겪는 경우를 종종 볼 수 있다. 물론 청소년들에게 이러한 외적 조건들이 힘겨운 장애물인 것만은 분명하다. 그러나 장애물은 비켜 가거나 돌아가야 할 대상이 아니라 뛰어넘어야 할 대상이라는 것을 강조하고 싶다. 꿈을 가진 자만이 난관 앞에서도 당당하다. 난관을 극복하려는 불굴의 의지를 가진 자만이 꿈을 펼칠 자격이 있다.

꿈은 발명의 산실

미국의 자동차 왕 헨리 포드는 초등학교도 제대로 마치지 못한 사람이었다. 가난한 가정에서 자라났기 때문이다. 신체적 약점은 없었지만 언제나 물질적으로 쪼들리는 가정환경이 그의 어린 시절을 불우하게 만들었다. 그러나 헨리 포드는 빈곤한 생활 중에 겪었던 한 가지 체험으로 인하여 훗날 자동차 왕으로서 성공을 거두게 된다.

어머니가 사경을 헤맬 정도로 심각한 병을 앓은 적이 있었다. 소년 헨리 포드는 말을 타고서 황급히 의사를 데리러 갔지만, 의사를 데려와 보니 어머니는 이미 세상을 떠나버리고 말았다. 헨리 포드는 말이 조금만 더 빨리 달렸더라면 어머니를 살릴 수 있었을 것이라고 안타까워했다. 이 사건이 천추의 한이 되어 그는 장차 말보다 더 빨리 달릴 수 있는 것을 만들어 위급한 일에 사용하도록 해야겠다는 꿈을 갖게 되었다.

어머니의 죽음 이후 헨리 포드는 자신의 꿈을 실현하기 위하여 생활의 어려움과 싸우면서 밤낮으로 연구를 게을리 하지 않았다. 그 결과 그의 꿈은 현대인들에게 없어서는 안 될 귀중한 자동차를 발명해 낸 산실이 되었다.

이 시대의 사람들에게 그가 억만장자가 되었다는 사실이 중요한 것이 아니라 불우한 생활환경을 극복하고서 인류에 공헌하는 인물이 되었다는 사실이 중요한 점이다. 디트로이트에 위치한 그의 기념관에는 포드의 사진이 걸려 있고, 그 사진 아래 "포드는 꿈꾸는 자이며, 그 아

> "오늘을 헛되이 보내게 되면 내일도 그러할 것이요
> 또 다음 날도 헛되이 보내게 될 것이다"
> 괴테

내는 믿음의 사람이다"라는 문구가 새겨져 있다고 한다.

그리스도는 "네가 믿음만 가지면 어떠한 일이든 이룩할 수 있다"고 하시면서 "누구나 구하지 않기 때문에 얻지 못한다"고 하셨다. 가만히 앉아서 기다리는 사람에겐 성공이 있을 수 없다. 가능성을 가슴에 새기고 새벽부터 잠자리에서 일어나 움직이며, 땀을 흘릴 때에야 비로소 성공은 우리의 곁에 찾아온다.

꿈을 이루기 위해서는 각오와 결단이 필요하다. 괴테는 "오늘을 헛되이 보내게 되면 내일도 그러할 것이요 또 다음 날도 헛되이 보내게 될 것이다"라고 하였다. 어떠한 일이든지 "할 수 있다"는 자신감을 갖고서 과감히 시작해 보라. 출발점을 지나면 목표를 향한 의지가 불타오르게 될 것이다. 경주하는 동안, 험난한 장애물이 발걸음을 가로막는다 해도 이것은 꿈을 이루기 위한 필연적 과정임을 잊지 말자.

직장은 꿈을 이루는 터전

　직장은 개인의 꿈을 실현하는 터전이다. 단순한 돈벌이나 영달을 위한 곳이 아니라 자신의 보람을 찾고 국가와 사회 그리고 인류와의 관계 속에서 모든 사람들에게 봉사하는 곳으로 삼아야 한다. 우리는 직장을 내 집처럼 여기고, 이곳을 견실하게 발전시키려는 마음을 가져야 한다.
　일할 때 인간은 행복할 수 있고 발전할 수 있다. 성경에서도 "네 손이 수고한 대로 먹을 것이라 네가 복되고 형통하리라"(시 128:2)고 함으로써 노동의 중요성과 신성함을 강조하고 있다.
　그러면 우리는 직장에서 어떠한 자세로써 일해야 할 것인가?
　첫째, 자신에게 맡겨진 일을 책임 있게 감당해야 한다. 자신의 전문분야를 통한 봉사와 헌신이 수반되어야 한다. 독일의 신학자 본회퍼는 "행동은 사고(思考)에서 생기지 않고 책임을 이행하려는 데서 생긴다"고 하였다. 어떠한 직책이든 귀천이 없고 차별이 없으므로 오로지 성실한 행동을 통해 모든 사람에게 유익을 주어야 할 것이다.
　둘째, 항상 적극적으로 일하면서 동료들과 조화를 이루어야 한다. 아무리 힘들고 어려운 상황에 부딪치더라도 먼저 낙심하지 말고, 직장의 동료들과 함께 슬기를 모아 대처방안을 의논해야 한다.
　셋째, 직장에서의 모든 인간관계는 정직해야 한다. 정직해야만 믿을 수 있고, 약속의 이행을 기대할 수 있다.
　직장에서 꿈을 실현하려면 이와 같은 최소한의 직장 윤리를 확립해

"네가 네 손이 수고한 대로 먹을 것이라 네가 복되고 형통하리라"

시편 128:2

야 한다. 직장을 통해 성취감을 맛보고 자신의 권리를 보장받는 것도 중요하지만, 이보다 더 중요한 것은 봉사와 기여를 통해 공익의 열매를 가꾸어 가는 것이다. 진정한 꿈의 실현은 모두의 유익을 창출해 내는 것이다.

그러므로 직장에서 개인적인 노동의 결실을 찾는 데 그치지 않고 모든 사람들이 다함께 공익을 누릴 수 있는 살기 좋은 터전을 일구어야 할 것이다. 자신의 직무에 최선을 다하되, 봉사와 섬김으로 동료들의 편의를 배려하며, 조화로운 동반자의 관계 속에서 협동을 아끼지 않을 때 개인의 꿈은 동료들의 축복 속에서 아름답게 실현될 것이다.

하나님의 사랑

하나님의 실체는 '사랑'이시다. 이 사랑은 관념 속의 '사랑'이 아니라 실제 그대로의 '사랑'이며, 일시적인 것이 아니라 영원토록 변함없는 '사랑'을 의미한다. 하나님은 독생자인 예수님을 우리에게 주심으로 인하여 아무런 조건 없는 '사랑'을 실천하셨다. 사랑이란 받는 것이 아니라 내어 주는 행위임을 몸소 증거 하신 것이다.

그렇다면 하나님은 우리에게 왜 독생자를 주셨을까? 하나님은 인간들에게 가장 시급하고 중요한 문제는 명예, 지위, 물질이 아니라 영혼의 '구원'이라고 생각하셨기 때문이다. 크리스마스의 의의는 바로 여기에 있다. 임종을 맞는 순간, 인간의 힘으로는 더 이상 삶을 연장시킬 수 없다. 죽음 이후의 생명은 오로지 하나님께서 주관하시는 것이다. 그러나 하나님께서는 인간에게 영원한 삶으로 들어가는 길을 열어놓으셨다. 그 길이 바로 독생자 예수 그리스도이다.

우리 인간들은 멸망할 수밖에 없는 존재로서 태어났지만 하나님의 사랑으로 인하여 예수 그리스도를 맞이하게 되었고, 그분을 구세주로 받아들임으로써 영원한 생명을 얻게 되었다. "하나님이 세상을 이처럼 사랑하사 독생자를 주셨으니 이는 저를 믿는 자마다 멸망치 않고 영생을 얻게 하려 하심이니라"(요 3:16).

멸망으로부터 영생을 얻는 것보다 더 소중한 선물이 어디 있겠는가? 황금보다 더 값비싼 보물도 구원의 은혜 앞에서는 무가치할 것이

> "하나님이 세상을 이처럼 사랑하사 독생자를 주셨으니
> 이는 저를 믿는 자마다 멸망치 않고 영생을 얻게 하려 하심이니라"
> 요한복음 3:16

며, 제왕의 찬란한 옥좌도 구원의 불빛 아래서는 한낱 미명에 불과하다. 우리는 크리스마스를 단순히 연중행사처럼 생각할 것이 아니라, 우리의 인생에서 "가장 고귀한 선물을 받은 날"이자 "가장 감격스러운 날"로서 사모해야 한다.

동방의 박사들은 하늘에 뜬 '별'을 보고서 예수님의 탄생을 알게 되었고, 그 '별'의 인도를 따라서 예수님이 태어나신 곳을 찾을 수 있었다. 예수님의 탄생을 알려준 '별'은 오늘날의 모든 사람들에게 약속과 희망의 상징이며, 기쁜 소식을 전해 주는 전령이라 할 수 있다(눅 2:10). 이 기쁜 소식이란 무엇일까? 그것은 곧 평화를 의미한다. 크리스마스를 맞이하여 그리스도를 구세주로 인정하는 것은 곧 마음속에 '평강의 왕'을 모시는 일이기도 하다. '평강의 왕'이 우리의 마음을 지배할 때 모든 갈등과 반목이 해소되고, 불안과 두려움은 자취를 감추게 된다.

독생자를 내어주신 하나님의 사랑에 감동하면, 냉냉한 마음에도 친절과 연민이 가득 넘치게 된다. 찰스 디킨스의 소설 『크리스마스 캐롤』에 등장하는 지독한 구두쇠 스크루지 영감이 인정 많은 사람으로 변화된 것도 결국엔 하나님의 사랑을 받아들였기 때문이다. 이처럼 크리스마스의 '사랑'은 이기적이고 자기 자신 밖에 모르는 인간을 이타적이고 자애로운 인간으로 변화시킨다.

예수님의 사랑

사람에게 가장 어려운 일은 누군가를 사랑하는 일이다. 진정한 사랑을 하기 위해서는 우선 마음에 욕심이 없어야 한다. 사랑의 속성은 '나'보다는 다른 사람을 먼저 위하고 보살펴 주는 것이기 때문에, 욕심이 가득 찬 사람들로서는 누군가에게 사랑을 베풀기가 불가능하다. 그러므로 온전한 사랑을 실천하려면 자신의 관심사를 이타적인 일에 집중시켜야 한다. 자신의 유익을 먼저 생각하지 말며, 다른 사람의 유익을 위해 필요한 일들을 찾아보아야 한다.

말로써 표현하긴 쉬우나 행동으로 옮기기 어려운 것이 사랑이다. 유사 이래 수많은 사람들이 사랑을 예찬하고 사랑의 미덕을 칭송해 왔지만, 정작 아무런 대가를 바라지 않고 인간사회를 위해 순수하게 헌신한 사람들은 소수에 불과하다. 사랑은 음악가의 감미로운 선율 속에 존재하는 것이 아니요, 시인의 아름다운 글 속에 존재하는 것도 아니다. 자기 자신을 아낌없이 희생하는 행위 속에 사랑이 있다. 고달프고 외로울지라도 다른 사람들에게 행복을 안겨 주는 행위 속에서 사랑은 모습을 드러낸다.

사도 바울은 "사람의 방언과 천사의 말을 할지라도 사랑이 없으면 소리나는 구리와 울리는 꽹과리가 되고(…) 사랑이 없으면 아무 것도 아니라"(고전 13:1~2)고 하였다. 사랑은 사람의 입에서 태어나는 것이 아니라 사람의 손에서 태어난다. 사랑은 사람의 생각에서 성숙하는 것

> "내가 사람의 방언과 천사의 말을 할지라도
> 사랑이 없으면 소리나는 구리와 울리는 꽹과리가 되고"
>
> 고린도전서 13:1

이 아니라 사람의 눈물과 땀에서 열매를 맺는다.

  사랑이 순수하고 이타적인 것이라 해도, 주변의 상황에 따라서 일시적 행위로 끝나는 경우가 허다하다. 헌신적인 사랑은 언제나 변함없이 지속되는 법이다. 그러나 인간의 의지로는 사랑의 생명력을 지속적으로 간직하기 어렵다. 하나님께 사랑의 은사(gift)를 받을 때만이 세속적 조건들을 초월할 수 있다. 또한 예수 그리스도의 무조건적 사랑을 삶의 지표로 삼을 때만이 시간과 공간의 한계를 초월하여 다른 사람들을 온전히 사랑할 수 있게 된다.

  자선과 봉사로써 사랑을 실천하다가도 다른 사람들이 자신의 노고를 몰라주기에 몹시 실망하는 사람들이 있다. 그러나 그리스도께서는 온갖 비난과 질책 속에서도 결연히 목숨을 내버리시어 인류를 구원하시지 않았던가? 진정한 사랑은 주변 사람들의 이목에 연연해하지 않는 것이며, 공로의 가치평가에 대해 아무런 관심을 두지 않는 행위임을 기억해야 할 것이다.

사랑 없이 살 수 없는 존재

사랑을 품으면 모든 것이 다 아름답고 소중해 보인다. 풀 한 포기, 울퉁불퉁한 돌멩이 하나도 사람의 마음에 사랑이 가득 차 있으면 어여쁜 생명체로 보인다. 그러나 사람의 마음속에 증오와 시기를 가득 채우면 아무리 아름다운 생명체일지라도 모두 밉상스런 존재로서 다가오게 된다. 이렇듯 사람은 그 마음에 사랑이 있고 없음에 따라서 천국과 지옥을 왕래한다. 사랑이 풍성한 곳은 하나님이 계신 천국이요, 미움이 가득한 곳은 악한 세력의 지배를 받는 지옥이나 다름없다.

사랑의 영향은 사람에게만 국한되지 않는다. 하나님께 지음 받은 생명체들은 모두 사랑의 법칙과 연관을 맺고 있다. 어떤 사람이 두 개의 화분에 똑같은 꽃을 심고 물을 주면서 날마다 한 화분에는 사랑의 말을, 또 하나의 화분에는 욕설을 퍼부었다고 한다. 그 결과, 사랑을 베풀며 정성을 기울인 화분은 아름다운 꽃을 피우고 빛깔과 향기도 고왔는데, 매일 매일 욕을 섞어 물을 준 화분은 얼마 못 가서 그만 시들어 죽고 말았다는 것이다. 말을 못하는 한 송이 꽃도 사랑을 받지 못하면 죽음을 맞이하거늘, 하물며 사람들이 사랑 없이 살아갈 수 있겠는가? 하나님의 피조물들은 모두 사랑 속에서 생명을 보존한다.

자기 자신을 사랑할 줄 아는 사람이 다른 사람도 사랑할 줄 알며, 자신의 영혼을 소중히 여기는 사람이 다른 사람의 영혼도 보살필 수 있다. "네 이웃을 네 몸과 같이 사랑하라"(마 22:39)는 하나님의 말씀은

자기 자신을 사랑할 줄 아는 사람이 다른 사람도 사랑할 줄 안다

사람이 사랑 없이 살아갈 수 없는 존재임을 시사해 준다.

   사랑한다는 것은 가슴을 넓게 여는 것이다. 이웃을 사랑하면 우리의 얼굴은 더욱 밝아지게 마련이다. 사랑을 함께 나누고 살아갈 때만이 비로소 사람은 하나님의 성품에 가장 가까이 다가가게 된다. "하나님은 사랑"(요일 4:8) 그 자체이시며, 사랑의 일을 가장 기뻐하시기 때문이다. 그러나 이상(理想)이 아니라 현실로 나타날 때 사랑은 하나님께 기쁨과 영광이 되며, 즐거움보다는 아픔을 함께 나눌 때 그 사랑은 언제까지나 하나님의 기억 속에 남아 있게 될 것이다.

인정은 하늘의 보약

　인정은 사회의 생명력이다. 인정이 있는 곳에 희망이 있고 웃음과 평화가 있다. 인정은 마음의 흐름이며 사회를 결속시키는 힘이다. 인정 없는 대화, 인정 없는 만남, 인정 없는 사회는 절망의 온상이지만 인정이 넘치는 사회는 희망의 산실이다.
　첨단 과학의 발달 속에 인정은 메말라가고 물질의 풍요 속에 인정은 사라져 간다. 물이나 공기가 없으면 생물이 살 수 없듯이, 인정이 없으면 사회의 발전을 보장할 수 없다. 인정의 고갈은 인류를 위협하는 가장 큰 전쟁이다.
　인정은 받는 것이 아니라 베푸는 것이다. 인정은 대가를 기대하는 것이 아니라 주는 행위에서만 만족을 찾는 것이다. 인정을 베푸는 자는 무한의 기쁨을 얻을 수 있고, 인정을 받는 자는 무한의 축복을 누리게 된다. 인정을 베푼다는 것은 상대방에게 관심을 두는 것이며 상대방의 상처를 어루만져주는 행위이다. 인정의 손길은 상대방의 처지를 나의 처지로 받아들여 그를 위해 자신의 할 바를 다하는 것이다.
　인정은 돈이나 물질로 대체될 수 없다. 오직 만남과 대화와 협력이라는 인간관계를 통해서만 싹틀 수 있다. 서로 잘못을 이해해 주고 역경에 처했을 때 도와주며 좋은 일을 함께 기뻐할 때 인정은 또 다른 인정을 낳는다.
　페트모어는 "인생에 기쁨이 없으면 전혀 인생이 아니다"라고 하였

> "네 손이 선을 베풀 힘이 있거든
> 마땅히 받을 자에게 베풀기를 아끼지 말며"
> 잠언 3:27

다. 우리의 인생에서 무엇으로 가장 큰 기쁨을 얻을 수 있는가? 사랑과 인정을 베푸는 것보다 더 기쁜 일은 없을 것이다. 그러므로 성경은 우리에게 "네 손이 선을 베풀 힘이 있거든 마땅히 받을 자에게 베풀기를 아끼지 말라"(잠 3:27)고 권면하고 있다. 봉사와 섬김의 손길로 서로의 삶을 살피고 도와주는 가운데 사회는 발전을 기약할 수 있다. 인정은 우리를 한없는 행복감에 젖어들게 하는 하늘의 보약이다.

생명은 온 천하보다 귀한 것

인간은 생명이 있기에 생각하고 활동한다. 생명은 인간에게 있어서 가장 귀한 보배이고 아름다운 하늘의 선물이다. 생명은 그 어떤 보석과도 맞바꿀 수 없을 만큼 소중한 것이며, 아무리 높은 지위와 명예도 생명보다는 고귀하지 않다. 그러므로 J. 러스킨은 "생명 이외에 재산은 없다"고 하지 않았던가?

육체적인 생명은 짧으나 정신적인 생명은 무한하고 영원하다. 위인들의 위대한 작품은 비록 짧은 생애에 이루어진 것이지만, 그것의 생명력은 영원히 후손들의 마음속에 살아 움직이고 있다.

로마 시대의 웅변가이자 정치가인 키케로는 "우리가 자연에서 받은 수명은 비록 짧은 것이지만, 잘 소비된 일생의 기억은 영원하다"고 하였다. 따라서 얼마나 오래 사느냐가 중요한 것이 아니라 누가 더 보람있게 사느냐가 중요한 것이며, 누가 더 재산을 모았느냐가 중요한 것이 아니라 그 재산을 얼마나 다른 사람을 위해 베풀었느냐가 더 중요한 것이다.

아름답고 밝은 생각을 우리의 생명 속에 가득 채움으로써 영원한 삶을 창조하는 개척의 힘을 키워 나가자. 생명은 불꽃과 같은 것이다. 생명을 아끼고 사랑하는 정성이 누구에게나 필요하다. 자신의 몸을 학대하고, 자신의 생명을 존중하지 않는 사람이 다른 사람의 생명을 귀하게 여길 수는 없다. 자신의 생명은 스스로의 노력을 통해서 수정처럼 맑고

> "생명 이외에 재산은 없다"
> J. 러스킨

정금처럼 귀한 것으로 가꾸어 내야 한다. 자신의 생명을 소홀히 여기는 자는 하늘의 버림을 받을 것이다.

"사랑은 생명의 꽃"이라는 보렌슈테트의 말에서처럼, 생명력을 유산처럼 전승시키는 힘은 사랑이다. 생명은 '나' 자신의 전유물은 아니다. 선조로부터 이어져 부모를 통해 물려받은 것이고, 무수한 후손의 생명을 낳는 씨앗이기도 하다. 생명의 씨앗에게 사랑의 물을 주고 정성으로 가꾸어 존귀한 인간의 가치를 실현해 나가자.

'나'의 생명의 소중함은 다른 사람의 생명을 존중하는 풍토 속에서 찾을 수 있다. 생명을 중요시하는 사회에서만이 평화가 싹트고 인류의 무궁한 발전이 약속된다. "한 사람의 목숨이 천하보다 귀하다"(막 8:36~37)는 성경말씀에 귀기울여 보자.

맑은 물은 생명의 활력소

　인간의 삶에 없어서는 안 될 기본조건으로서 생활공간, 음식, 물과 공기를 지적할 수 있다. 이러한 인간의 필수적 생활조건은 자연에서 얻을 수 있는 것이기에 자연환경의 오염은 곧 인류의 터전을 상실하는 것과 같다고 볼 수 있다. 그런데 우리의 터전인 지구는 오늘날 쉴새 없이 병들어 가고 있다. 맑은 물과 싱싱한 흙, 시원한 공기를 아낌없이 베풀어 주었던 우리의 지구가 점점 불구의 몸으로 변해 가고 있는 것이다.
　J. 플로리오의 말처럼 "자연은 진정한 법"이며 모든 생명체의 근원적 존재이다. 인간도 다른 동·식물들과 마찬가지로 자연에서 태어나, 자연과 더불어 살아가며, 자연을 통해 생명의 숨결을 얻는다. 그러므로 자연을 아끼고 소중히 여기는 일은 인간의 생명을 보존하고 인류의 존립을 보장하는 유일한 해결책이라 할 수 있다. 공해를 일으키는 사회적 요인들과 환경 파괴행위들을 근절하고, 자연의 자정능력이 고갈되지 않도록 협력해야만 인류의 파멸을 예방할 수 있을 것이다.
　태초의 에덴동산을 연상케 하는 녹음 우거진 숲과 청정한 시냇물을 다시금 되찾아야 한다. "하나님이 그 지으신 모든 것을 보시니 보시기에 심히 좋았더라"(창 1:31)고 말씀하시던 창세의 자연처럼 인공의 손때가 묻지 않은 자연 그대로의 모습이 펼쳐져 있을 때만이 낙원의 실현을 기대할 수 있다. S. 존슨은 "자연에서 이탈하는 것은 행복에서 이탈하는 것이다"라고 주장하였다. 산업화로 파괴되어 가는 자연을 우리의

> *"자연에서 이탈하는 것은 행복에서 이탈하는 것이다"*
>
> S. 존슨

몸처럼 보호하고 자연의 생명력을 회복하는 데 총력을 기울이지 않는 다면, 우리는 언제나 불안한 미래를 앞에 두고서 살아가게 될 것이다.

과학과 산업의 진흥에 진력하되 이것보다 먼저 자연을 보호하는 정성이 앞서야 한다. 자연을 효율적으로 이용하되, 자연이 생명의 원천으로서 기능을 잃지 않도록 무절제한 남획(濫獲)과 도벌을 자제해야 한다. 자연보호와 환경운동은 단순한 선동구호로 해결되는 것이 아니다. 무엇보다도 자연에 대한 사랑을 생활윤리로 받아들이는 가치관이 정착해야 한다. 또한 자연을 사람이 살 수 있는 가장 좋은 곳으로 가꾸어 가는 태도가 사회 속에 보편화해야만 환경오염의 파급을 저지할 수 있다. 인류 모두가 자연환경을 위해 어떤 일을 해야할 것인지를 모색하여 이를 구체적으로 실천해 나갈 때 자연은 인류의 번영을 약속할 것이다.

희생은 사회 발전의 원동력

　희생은 사회적 공익을 달성하기 위하여 자신의 지식과 노력, 기술과 물자를 아낌없이 헌납하고자 하는 정신을 말한다. 부모의 희생으로 자녀는 성장하게 되고 많은 사람들의 희생으로 사회는 발전하게 된다.
　A. 헬프스는 "어떤 종류의 희생 없이 어떤 실제적인 것을 얻은 적이 있는가?"라고 질문하면서 오늘의 사회적 현실이 희생의 산물임을 강조하였다. 인간은 누구나 희생의 수고에 따라 풍족한 삶을 누릴 수 있는 것이다.
　그러나 현대사회에서 희생정신은 점차 사라지고 있다. 많은 사람들이 눈앞에 보이는 이익만을 추구하며 노력 없이 우연한 결과만을 얻으려 한다. 다른 사람을 즐겁고 행복하게 하려면 어떻게 해야하는지를 생각하기에 앞서 자기에게 손해가 가지 않으려면 어떻게 해야하는지를 생각한다.
　희생은 무수한 결실을 낳는 씨앗이며 미래의 보람을 위한 헌신이다. 희생에는 육체적인 고통이 따르며 일시적인 손실이 수반되지만 세월이 흐르면 몇 배의 유익을 가져다 준다. 도스토예프스키는 "자기를 희생하는 것만큼 행복한 일은 없다"고 하였고, 영국 속담에도 "희생을 치르는 것이 클수록 명예도 또한 크다"고 하여 희생의 선한 결실을 보증해 주고 있다. 자기를 희생할 줄 아는 사람은 신의와 사랑이 충만한 자이다. 주위의 많은 사람들에게 존경을 받으며 인격자로 추앙받는다.

"어떤 종류의 희생 없이 어떤 실제적인 것을 얻은 적이 있는가?"
A. 헬프스

　웃어른을 공경하는 일, 이웃을 돕고 협조하는 일, 권익을 양보하고 다른 사람을 높이 받들려는 겸허한 행동은 모두가 자기 희생에서 우러나온 아름다운 열매들이다. "양초는 남을 밝게 해주며, 자신을 꺼뜨린다"는 H. G. 보운의 말이 시사해 주듯, 남에게 도움을 주는 일이라면 서슴지 말고 행동으로 옮기자. 성경에도 "한 알의 밀이 땅에 떨어져 죽지 아니하면 한 알 그대로 있고 죽으면 많은 열매를 맺게 된다"(요 12:24)고 희생의 미덕을 권장하고 있다. 내 작은 희생은 사회를 밝히는 촛불이 되며 내 작은 노고(勞苦)는 사회 발전의 밑거름이 될 것이다.

우정은 또 다른 나를 얻는 길

　인간은 혼자 살아갈 수 없다. 반드시 친구를 사귀어야 한다. 친구와의 우정은 희망과 용기를 갖게 한다. 또한 친구와의 대화 속에서 지혜와 교훈을 배울 수 있다. 진실한 친구를 가진 사람은 더욱 보람 있는 인생을 살 수 있다. 열 사람의 평범한 친구보다 한 사람의 진실한 친구가 더 낫다는 말이 있다.
　영국의 어느 출판사에서 '친구'에 대한 정의를 가장 적절하게 내린 사람에게 상금을 주기로 하고 이를 공모하였다고 한다. 수천 통의 응모엽서 중에서 1등으로 선정된 정의에 따르면 친구란 "온 세상이 내 곁을 떠나갔을 때에도 나를 찾아오는 사람"이라는 것이다.
　우리가 어려움으로 고통을 당하고 있을 때 위로하고 도와줄 친구는 많지 않다. 그러나 따스한 손길로 어루만져 주는 친구가 한 명이라도 있다면 그 사람은 온 세상을 얻은 것보다 더 큰 기쁨을 얻게 될 것이다. 이러한 의미에서 마포크리타는 "충실한 벗은 인생의 양약(良藥)과도 같은 것이다"라고 말했다. 좋은 친구를 사귀는 것은 곧 또 다른 나를 얻는 것이며 시인 바이런의 말처럼 "날개가 없는 사랑의 신(神)"을 맞이하는 것이다.
　우정은 끊임없이 손질하고 가꾸어야 한다. E. 버젤은 "우정이란 두 사람이 서로 선과 행복을 증진시키는 강하고도 습관적인 성향이다"라고 정의하였다. 우정도 노력 없이는 성장할 수 없다. 친구와의 사이에

> "우정이란 두 사람이 서로 선과 행복을 증진시키는
> 강하고도 습관적인 성향이다"
>
> E. 버질

신의를 지키는 것이 우정의 근본이 된다. 친구에게 무엇을 받기보다 무엇을 줄 수 있는지를 먼저 생각하고 행동으로 나타내야 한다.

성경말씀에 "사람이 친구를 위하여 목숨을 버리면 이에서 더 큰 사랑이 없다"(요 15:13)고 하였는데, 비록 이 경지에까지 이르지는 못할지라도 나태와 침묵으로 우정에 금이 가게 해서는 안 될 것이다. 참된 친구를 얻기는 어려운 법이다.

'나' 자신부터 진실한 사람이 되는 것이 좋은 친구를 얻는 길이다. 지금까지 사귀어 오던 친구를 더욱 깊이 신뢰하고, 끊임없이 내면의 사랑을 키워 나감으로써 지금보다 더 훌륭한 친구가 되어 주어야 한다.

선물은 감사의 표시

선물은 감사와 고마움에 대한 표시이다. 인간은 사회적 동물이기 때문에 고립된 개체로서는 살 수 없다. 그러므로 부모와 형제에게 감사해야 하고, 사회생활 속에서 인간관계를 맺고 있는 모든 사람에게 감사해야 한다. 감사의 표시는 말보다는 선물로 대신하는 것이 더욱 아름답다.

선물은 주는 사람과 받는 사람이 모두 기뻐할 때 그 가치가 높아진다. 주는 사람의 정성과 받는 사람의 감사가 조화를 이룰 때 선물은 가격의 고하에 상관없이 두 사람의 기억 속에서 오랫동안 신뢰의 증거로 남아 있게 된다. 그러므로 선물은 마음에서 우러나는 것이어야 하며 분수에 알맞은 것이어야 한다. 받는 사람에게 기쁜 마음을 갖도록 하는 데 목적이 있기 때문에 상대방이 원하는 물건을 필요한 때에 주어야 할 것이다.

내가 좋아하는 선물이 물론 상대방을 기쁘게 하는 선물이 될 수도 있다. 그러나 상대방의 기호가 '나'의 기호와는 다를 수도 있으며 필요한 것이 무엇인지를 파악하기 어려운 경우도 있다. 이런 경우엔 상대방의 기호와 필요를 본인에게 직접 물어보는 것도 하나의 방법이 될 수 있다. 그러나 선물이란 요구를 받아서 주는 것보다는, 상대방이 원하는 것을 간접적 경로를 통해 파악하여 예기치 않게 선물을 주는 것이 바람직하다. 성경에서도 "은밀한 선물은 노를 쉬게 한다"(잠 21:14)고 하였고, 시인 칼릴 지브란은 "요구를 받고 주는 것도 좋지만, 요구를 받지

> "주는 태도가 주는 물건보다 더 중요하다"
> 코르네이유

않고 주는 것은 더욱 좋다"고 말하였다.

감사하는 마음에서 우러나 선물을 보내면 받는 사람도 주는 사람도 행복을 느낀다. 선물을 하는 사람의 마음속에도 받는 사람의 마음처럼 흐뭇함이 넘친다. 프랑스 작가 코르네이유는 "주는 태도가 주는 물건보다 더 중요하다"라고 말하였다. 물건의 종류로서 선물의 가치를 저울질해서는 안 되며 선물을 돈의 가치로 평가해서도 안 된다는 것이다. 주는 사람은 선물 속에 애정을 담고, 받는 사람은 선물 속에 담겨 있는 애정을 읽을 때, 두 사람의 손길은 차가운 마음을 녹여 주는 희망과 생명의 원천이 될 것이다.

좋은 성격은 하나님의 그릇

성격이란 한 사람의 내면세계를 비추어 주는 거울이다. 국어사전에 따르면 성격이란 각 사람의 고유한 기질, 인품, 도덕성, 사회적 태도를 나타내는 특성이며, 습관, 정조, 이상 등이 통합된 것이라고 하였다. 따라서 성격이야말로 한 사람의 진정한 모습이라 할 수 있다. 본래 기질과 성품은 타고 나는 것이지만 성격은 교육과 훈련을 통하여 변할 수 있는 것이다. 이런 의미에서 천성은 타고난 것이고, 성격은 일상생활에서 형성되는 것이다.

성경에서는 성격을 "마음의 숨은 사람"이라 표현하고 있다. 윗트니스 리는 그의 저서 『성격』에서 "하나님에게 쓰임 받을 수 있는 이유는 그들에게 하나님 쓰시기에 합당한 성격이 갖추어져 있기 때문이다. 성격은 곧 인물이다. 아브라함과 바울과 모세는 아주 좋은 성격을 가졌기 때문에 하나님께 가장 크게 쓰임을 받았다. 당신이 하나님께 쓰임 받는 운명은 당신의 성격에 달려 있다. 당신이 하나님 앞에서 쓸모 있는지 없는지는 당신의 성격이 하나님이 쓰시기에 합당한지의 여부에 달려 있다"고 하였다. 사람이 어떤 위임을 받고, 어떤 책임을 맡아 어떤 일을 하는지는 전적으로 그의 성격에 달려 있다. 그렇다면 하나님이 쓰시기에 좋은 성격은 어떤 것인가?

첫째, 하나님이 쓰실 그릇은 진실한 성격이다. 진실이란 안과 밖이 일치하는 상태이다. 진실하지 않은 사람은 주님의 손에 쓸모가 없다.

> "하나님에게 쓰임 받을 수 있는 이유는 그들에게
> 하나님이 쓰시기에 합당한 성격이 갖추어져 있기 때문이다"
> 윗트니스 리

모세는 아주 진실한 사람이었다. 진실하지 않은 사람의 인생은 모래 위에 집을 지은 것과 같아서 주님께 중대한 일을 부여받을 수 없다. 진실한 사람이란 성경말씀에 비추어 하나님의 공의에 따라 자신의 행동을 조정하고 통제하는 사람이다. 공의를 그르치는 사람은 올바른 일을 해낼 수 없다. 다른 사람을 위한 희생도 공명정대하고 진실한 성격에서만이 가능하다.

둘째, 하나님이 쓰실 그릇은 성실한 성격이다. 게으른 사람은 하나님 앞에서 쓸모가 없다. 성실은 하나님의 종들에게는 가장 중요한 성격이다. 성경은 우리에게 "부지런하여 게으르지 말라"(롬 12장)고 하였다. 영적인 풍족함은 근면에서 온다. 게으름은 궁핍을 초래하게 마련이다. 그러므로 하나님을 섬기는 사람은 반드시 성실한 성격을 길러야 한다.

셋째, 하나님이 쓰실 그릇은 인내하는 성격이다. 참을 수 있는 사람만이 기다릴 수 있다. 인내는 기다리는 것이지 느림이 아니다. 인내는 모든 일에 소홀하지 않으며 조급해하지 않는 것이다. 단 한번에 모든 것을 바라는 사람은 하나님의 일을 할 수 없다. 인내하는 성격을 가진 사람은 풍성한 복을 누릴 자격이 있다. 하나님의 뜻을 기다리고 그 뜻을 깨달은 후에야 행동하기 때문이다.

한 사람이 추구하는 일은 그 사람의 성격과 절대적인 관계가 있다. 사람의 성격에 따라 일의 종류뿐 아니라 일의 성패가 결정된다. 얼마나 성격이 좋은지에 따라서 그의 지위와 명성도 결정된다. 헤라클레이토스는 "성격은 사람을 안내하는 운명의 지배자이다"라고 하였다. 매사에 진실하고 성실하며 인내하는 성격을 소유할 때 훌륭한 인물이 될 수 있다. 사람이 자기에게 맡겨진 일을 완수하지 못하는 것은 습관의 문제가 아니라 성격의 문제이다. 하나님의 그릇으로 쓰임 받고 또한 사람의 필요를 채워 줄 수 있는 그릇으로 살아가려면 진실과 성실과 인내가 조화를 이룬 좋은 성격을 '나'의 것으로 삼아야 한다.